Barbara Kettl-Römer

Was macht mein Kind im Netz?

Barbara Kettl-Römer

Was macht mein Kind im Netz?

Der Social-Media-Ratgeber für Eltern

Linde international

stern

Bibliografische Information der Deutschen Nationalbibliothek

Die Deutsche Nationalbibliothek verzeichnet diese Publikation in der Deutschen Nationalbibliografie; detaillierte bibliografische Daten sind im Internet über http://dnb.d-nb.de abrufbar.

ISBN 978-3-7093-0480-8

Umschlag: *stern* und buero8
Bild: vladgrin/Shutterstock.com

1210 Wien, Scheydgasse 24, Tel.: 01/24 630
www.lindeverlag.de
www.lindeverlag.at

Satz: psb, Berlin
Druck: Hans Jentzsch u Co. Ges.m.b.H.
1210 Wien, Scheydgasse 31
1

Inhalt

Vorwort

Kinder drängen ins Netz. Sie lieben Facebook. Sie sammeln Freunde. Sie posten Bilder und halbstarke Sprüche. Und wer sie dabei beobachtet, staunt, wie leicht ihnen der Umgang mit der Online-Welt fällt. Und Eltern? Sollen ihr Kind vorbereiten auf das Leben in der großen weiten Welt. Nur, in diesem Fall ist es eine Welt, die sie häufig selbst nicht kennen.

Und Vorbereitung, also Erziehung, ist trotz der Fingerfertigkeit der Kinder auf der Tastatur dringend nötig. Eltern werden im Netz ebenso sehr gebraucht wie im Offlineleben. Es gibt hier wie dort Stalker und Mobber, Regeln und Gesetze, Gefahren und Wege, diese zu umgehen.

Die Begleitung des eigenen Kindes bei seinen ersten Schritten im (sozialen) Netz ist eine neue Erziehungsaufgabe. Eltern können sich ihr nicht entziehen. Das Argument „Sorry, da kenne ich mich nicht aus" gilt nicht. Die Furcht vor dem Datenmonster Facebook oder überhaupt dem Netz läuft ins Leere, es sei denn, Sie setzen einen Totalboykott durch. Doch selbst dann entdecken die Kinder Facebook & Co. trotzdem, aber ohne die Eltern, ohne Erziehung.

Der *stern*-Ratgeber „Was macht mein Kind im Netz? Der Social-Media-Ratgeber für Eltern" hilft Ihnen, Ihren Sohn oder Ihre Tochter im Netz zu begleiten. Er vermittelt, worauf Eltern achten müssen, wo die Risiken lauern und wie man sie meidet. Machen Sie sich schlau, Ihr Kind wird es Ihnen danken – vielleicht mit einem „Gefällt mir" auf Facebook.

Ich wünsche Ihnen viel Spaß beim Erobern des digitalen Kontinents.

Frank Thomsen
Chefredakteur *stern.de*

Kapitel 1

Social Media – was ist das überhaupt, und warum sollten sich Eltern damit beschäftigen?

Unsere Kinder wachsen mit dem Internet und seinen Mitmachangeboten auf und nutzen es so unbefangen wie technikkompetent. Wir Eltern wissen oft gar nicht so genau, was unsere Kinder online alles machen. Wir müssen es aber wissen, um unsere Kinder schützen und auf dem Weg zu einem medienkompetenten Umgang mit dem weltweiten Netz begleiten zu können. In diesem Kapitel lesen Sie, worauf es dabei ankommt.

Was sind Soziale Medien?

„Social Media" lautet die Bezeichnung für einen noch jungen Zweig von Internet-Angeboten, der bereits eine enorme gesellschaftliche und wirtschaftliche Bedeutung erlangt hat. „Sozial" sind diese neuen Medien, weil sie „Mitmachangebote" sind. Sie ermöglichen es den Beteiligten nicht nur, Inhalte zu konsumieren, sondern auch, allein oder gemeinsam mit anderen selbst Inhalte zu erstellen, zu veröffentlichen, sich mit anderen darüber auszutauschen, deren Aktivitäten zu kommentieren, die Angebote gegenseitig zu verlinken und anderes mehr.

Soziale Medien eröffnen jedem einzelnen Internetnutzer, unabhängig von seinem Alter, seinem Status, seinem Wissen und seinen Erfahrungen eine nie gekannte Bandbreite an Aktivitäten: Wo die klassischen Medien einseitig Botschaften vermitteln, die vom Empfänger mehr oder weniger aktiv aufgenommen werden, sind Soziale Medien so etwas wie ein übergroßer Marktplatz, auf dem man sich (virtuell) trifft, sich präsentiert, flirtet, ratscht, lästert und spielt. Dort kann man kreativ tätig werden, das eigene Bild nach Belieben polieren, seinen sozialen Status demonstrieren, sich ausprobieren und vergleichsweise mühelos Kontakte knüpfen.

Kein Wunder, dass unsere Kinder diese bunte und vielseitige Welt faszinierend finden. Sie schätzen daran auch, dass sie sich dort tummeln können, ohne dass lästige Erwachsene wie Lehrer oder gar Eltern größeren Einblick haben. Die haben nämlich (noch) mehrheitlich weder genügend Know-how, noch Zeit und Lust, dort so aktiv mitzumachen. Die virtuelle Welt ist zudem kinderleicht zu erobern: Die meisten Sozialen Medien sind kostenlos, es ist einfach, sich dort zu registrieren und zurechtzufinden. Man muss dafür eigentlich nur lesen und eine Tastatur bedienen können.

Gleichzeitig erzeugen Soziale Medien starken sozialen Druck. Je mehr Kinder und Jugendliche dort aktiv sind, desto wichtiger wird es für die noch nicht Aktiven, auch dabei zu sein. 13-Jährige, die noch nicht bei Facebook sind, sind ja so was von out und riskieren, von Diskussionen und Aktivitäten im Freundeskreis oder der Klasse ausgeschlossen zu werden – einfach deswegen, weil die Einladungen dazu über Facebook laufen und niemand mehr damit rechnet, dass das jemand nicht mitbekommt.

Müssen wir als Eltern das gut finden? Nicht unbedingt.

Können wir das Thema ignorieren? Kaum.

Vielleicht schaffen Sie das, wenn Sie in einem abgelegenen Tal in den Bergen oder auf einer einsamen Insel ohne Internetanschluss und Handyempfang wohnen.

Für uns übrige Eltern gilt: Wir werden uns wohl oder übel mit dem, was unsere Kinder in Sozialen Medien tun (dürfen), beschäftigen müssen. Sie wachsen nun einmal in einer Zeit auf, die von völlig anderen technischen Standards geprägt ist als wir sie in ihrem Alter erlebt haben. Meine Kinder können sich kaum vorstellen, dass es früher einmal so etwas wie einen Sendeschluss im Fernsehen gab und wir die Wahl aus gerade einmal drei oder vier Programmen hatten. Vor einem Wählscheibentelefon im Deutschen Museum stand meine damals 12-jährige Tochter völlig verständnislos: „Mama, wo tippt man denn da die Nummer ein?"

Wir vor 1980 Geborenen haben meist eine Zweckbeziehung zu unserem PC oder unserem Handy. Wir haben gelernt, mit dem Internet umzugehen und nutzen es als Werkzeug. Wir arbeiten damit, shoppen, buchen Reisen, informieren uns und halten Kontakte. Wir spielen auch mal online und nutzen die ein oder andere App, aber unser soziales Leben hängt nicht davon ab.

Wer heute unter 20 ist, ist dagegen mit dem Internet bereits ganz selbstverständlich aufgewachsen. Spielkonsolen, Online-Spiele, Handys, mit denen man auch Musik hören, Fotos machen, Filme drehen und dies alles per Bluetooth teilen oder ins Netz stellen kann, gehören für sie so zum Alltag wir für uns früher die gelben Telefonzellen mit der aufgeklebten Aufforderung „Fasse dich kurz!" Für Kinder und Jugendliche ist das Internet eine faszinierende Spielwiese, Lernmöglichkeit, Statusgenerator und sozialer Aufenthaltsraum zugleich.

Manche von ihnen verbringen so viel Zeit online, dass sich fast ihr ganzes Leben außerhalb der Schule im Internet abspielt. Sie denken und kommunizieren in Bildern, Clips und Sprachkürzeln, die Erwachsene merkwürdig bis unverständlich finden.

Gut zu wissen

Der amerikanische Autor Mark Prensky nennt diese Generation deswegen die „Digital Natives“, die sich von den „Digital Immigrants“ (also uns Eltern) unterscheiden wie ein Muttersprachler von jemandem, der eine Sprache erst als Erwachsener gelernt hat und sie deswegen nie so intuitiv und perfekt beherrscht wie der in die Sprache quasi Hineingeborene. Prensky behauptet sogar, dass die Gehirne unserer Kinder sich an die digitale Mediennutzung so angepasst haben, dass sie sich von unseren unterscheiden, und dass deswegen Lernen und Lehren heute völlig anders stattfinden müsse als früher.

Die „Digital Immigrants“ und „Digital Natives“ haben sich in der Social-Media-Literatur und im Sprachgebrauch hartnäckig festgesetzt, obwohl die Behauptungen Prenskys wissenschaftlich durchaus umstritten sind. Im Übrigen hinterlässt alles, was wir tun, in Form neuronaler Verknüpfungen Spuren in unserem Gehirn. Wer viele Computerspiele spielt, lernt dadurch tatsächlich etwas – nämlich, besonders gut Computerspiele zu spielen. Wer ständig zwischen Chats, Filmclips, Spielen und anderen Online-Anwendungen hin und her wechselt, lernt, besonders gut zwischen diesen Dingen hin und her zu wechseln.

Möglicherweise verlernt er während dieser Aktivitäten, wie es ist, sich voll und ganz auf eine Sache zu konzentrieren, und zwar so lange, wie es notwendig ist, nicht nur so lange, wie es Spaß macht. Es ist Sache von uns Eltern, zu entscheiden, ob und inwieweit wir diese Art Lernen fördern oder einschränken wollen.

Kinder lernen schnell. Für Dinge, die sie wirklich interessieren, können sie viel Energie und Konzentration aufbringen. Sie gehen auch mit technischen Geräten spielerisch um, probieren einfach mal die Knöpfe und Menüfunktionen aus, tippen munter drauflos und sehen, was passiert. Insofern bewegen sie sich tatsächlich unbefangen wie „Eingeborene“ (Natives) durch die digitale Welt.

Schon Fünfjährige können so in kürzester Zeit perfekt mit Maus, Tastatur und Touchpad, mit Menüsteuerungen und Chatfunktionen umgehen. Da sind sie sicher den meisten Erwachsenen überlegen. Wenn es darum geht, ein Facebook-Profil zu erstellen oder eine Liedauswahl aus dem Internet herunterzuladen, bitten heute viele Eltern ihre technikversierten Kinder, das für sie zu übernehmen. Sie sind stolz auf ihre Sprösslinge und deren Fähigkeiten.

Warum sind Soziale Medien heute ein Erziehungsthema, mit dem Eltern sich beschäftigen sollten?

Unsere Kinder sind argloser als wir Erwachsenen, die wir vorsichtiger, kritischer und misstrauischer an die neuen Entwicklungen herangehen. Wir wissen: Wer einen Computer bedienen kann, kann noch lange nicht verantwortungs- und risikobewusst mit den Angeboten und Inhalten umgehen, die er im Internet findet bzw. die ihn dort finden. Diese Medienkompetenz müssen unsere Kinder erst erwerben und sie müssen dazu mehr lernen als die Generationen vor ihnen, die mit den klassischen Einweg-Medien aufgewachsen sind.

Kinder sind daher vielleicht „Digital Natives", sicher aber zunächst einmal „Digital Naives".

Sie können die Risiken und möglichen Folgen ihrer Aktivitäten nicht einschätzen. Sie finden heute Fotos und Filme lustig, von denen Sie wissen, dass sie ihnen in ein oder zwei Jahren entsetzlich peinlich sein werden. Sie vertrauen Online-„Freunden", die sie noch nie persönlich getroffen haben und die möglicherweise alles andere als Freunde sind. Sie fallen auf rührende oder erschreckende Geschichten und Bilder herein, die nur mit dem Zweck online gestellt wurden, ahnungslose Nutzer zu einem Klick zu verleiten, um damit Daten zu gewinnen, Geld zu verdienen und/oder schädliche Programme zu verbreiten. Sie tippen aus Wut oder alberner Laune spontan drauf los und wundern sich dann, wenn ihr Posting am nächsten Tag Schulgespräch ist oder sie wegen Beleidigung angezeigt werden.

Die Frage, ob unsere Kinder nun „Muttersprachler" in einer Welt sind, in der wir nur „Immigranten" sind, kann unbeantwortet bleiben. Die Frage, wie wir mit der Nutzung Sozialer Medien durch unsere Kinder umgehen sollen, aber nicht.

Sollen wir unsere Kinder vor den damit verbundenen Gefahren warnen und ihnen die Teilnahme verbieten? Manche Eltern tun das, aber ich fürchte, sie werden damit scheitern. Verbotenes ist besonders interessant, und was man daheim nicht darf, kann man bei Freunden oder im Internetcafé auch heimlich machen.

Außerdem sind diese Medien nun einmal da und spielen eine wichtige Rolle in der Gesellschaft, in der unsere Kinder in den kommenden Jahrzehnten souverän und selbstbestimmt leben sollen. Der Umgang mit Computer, Internet und Social Media gehört zum Basiswissen, das unsere Kinder erwerben müssen, wenn sie eine berufliche und soziale Zukunft in unserer Gesellschaft haben sollen. Reine Verbote sind daher weltfremd und wenig zweckdienlich.

Sollen wir unseren Kindern also alle Aktivitäten bei Social Media pauschal erlauben? Das wiederum wäre doch ziemlich blauäugig. Wir lassen unsere Sprösslinge schließlich auch nicht ohne entsprechende Aufklärung, Anleitung und Überwachung am Straßenverkehr teilnehmen.

Wie bei der Verkehrserziehung ist es bei der Medienerziehung unsere Aufgabe, sie vor Schaden zu bewahren, sie über Gefahren und Regeln aufzuklären, umsichtiges Verhalten mit ihnen einzuüben und sie so nach und nach zur verantwortungsvollen und selbstständigen Teilnahme zu befähigen.

Dabei soll dieser Ratgeber Sie unterstützen. Er soll

- Sie über die Chancen und Risiken informieren, die das Internet (nicht nur, aber besonders) für Kinder und Jugendliche bereithält,
- Sie für die Gefahren sensibilisieren, die Ihrem Kind durch eigene oder fremde Aktivitäten im Internet drohen,
- Ihnen Schutzstrategien vorstellen und konkrete Tipps zu deren Umsetzung geben.

Wo es erforderlich ist, werde ich auch auf die rechtliche Situation eingehen und Handlungsempfehlungen für den Fall geben, dass Ihr Kind bereits Opfer eines Rechtsverstoßes geworden ist oder auch selbst einen begangen hat (was leider gar nicht so selten vorkommt).

Im Anhang finden Sie eine Auswahl von Internetadressen, unter denen Sie vertiefende Informationen, aktuelle Warnungen, Beschwerdestellen und Beratungsangebote finden.

Was dieses Buch nicht leisten kann, sind detaillierte Schritt-für-Schritt-Anleitungen, wie Sie beispielsweise die Privatsphäre-Einstellungen bei Facebook gemäß Ihren Wünschen festlegen können. Derartige technische Details ändern sich so schnell, dass sie vermutlich schon in der Zeit zwischen Manuskriptabgabe und Druck dieses Buches veralten würden. Dafür ergänzt die Stern-Redaktion es durch ein ausführliches Online-Angebot, das stets aktuelle Anleitungen enthält:

Tipp

Das Webmagazin „*stern*-Ratgeber: Facebook, aber sicher!“ für PC, Laptop und Tablet zeigt Ihnen mit anschaulichen Video- und Textanleitungen Schritt für Schritt, wie Sie Ihr Facebook-Konto oder das Ihres Kindes einrichten, welche Häkchen Sie setzen sollten und wie Sie das Facebook-Konto souverän und möglichst sicher nutzen. Das Webmagazin kostet 1,79 Euro. Sie finden es hier: www.stern.de/facebook.

Bevor wir uns konkret mit der Nutzung von Sozialen Medien durch unsere Kinder und mit den dadurch entstehenden Gefahren beschäftigen, stelle ich Ihnen auf den folgenden Seiten ein kleines Glossar zur Verfügung, in dem Sie Begriffe, die in diesem Zusammenhang häufig auftauchen werden, nachschlagen können:

Kleines Social-Media-Glossar

Blog

Ein Blog, auch Web-Log genannt, steht als Kürzel für die englischen Begriffe World Wide Web und Log (= Logbuch) und bezeichnet eine Art öffentliches Tagebuch, in dem der Autor (= Blogger) seine Gedanken, Erlebnisse, Kommentare und Tipps notiert. Wer daran Interesse hat, kann das Blog verfolgen und in der Regel die dort öffentlich gemachten Texte kommentieren.

Da jeder Blogger werden kann, der Lust dazu hat oder damit bestimmte Zwecke verfolgt, gibt es Blogs zu den verschiedensten Themen, auch zu abseitigen und fragwürdigen. Da die Blog-Beiträge in der Regel nicht von Profis redigiert bzw. lektoriert werden, sind alle Abstufungen von Recherche- und Textqualität vertreten. Im Klartext: Es gibt hier, wie so oft im Internet, sehr viel Mist, aber auch echte Perlen dazwischen.

Tipp

Schön finde ich z. B. das Blog, das die Wochenzeitung „Die Zeit" für ihre junge Leserschaft anbietet: *http://blog.zeit.de/kinderzeit*

Bluetooth

Dieser Standard ermöglicht die Übertragung von Daten zwischen verschiedenen Geräten per kabelloser Funkverbindung über kurze Distanzen hinweg. Meist reicht die Verbindung über einige Meter. Kinder und Jugendliche lieben vor allem die bluetoothfähigen Handys, weil sie über diese Fotos, Musikstücke und Filme untereinander austauschen können, ohne dass Kosten entstehen (und ohne, dass die Eltern es mitbekommen).

Chat

„Unterhaltung" im Internet in Echtzeit. Mehrere Chatpartner sind gleichzeitig im Chatraum und schreiben Beiträge; die anderen Teilnehmer können sofort sehen, wer was geschrieben hat, und darauf antworten.

Chatforum/Chatroom

Unterhaltungsplattform im Internet zu allen möglichen und unmöglichen Themen. Die meisten Foren verlangen eine Registrierung der Nutzer, die sich normalerweise unter einem Pseudonym (→ „Nickname") betätigen. Manche dieser Foren sind moderiert, das heißt, es gibt dort zumindest stichprobenartig Kontrollen. Wer gegen die Regeln des Forums (die „Chatiquette") verstößt, wird als Nutzer gesperrt, unangemessene Nachrichten werden entfernt.

Es gibt aber auch unmoderierte Foren, bei denen jeder schreiben bzw. ins Bild setzen kann, was er will. Manche Chatrooms haben inzwischen auch Nutzerprofile, Statusmeldungen und Foto-/Video-Uploads integriert, so dass die Grenzen zum → Sozialen Netzwerk verwischen. Typische Beispiele dafür sind *www.schueler.cc* und *www.schulhofchat.de*.

Download

Herunterladen von Dateien (Texten, Bildern, Videos und Musikstücken) aus dem Internet auf den eigenen Rechner, das Handy, den iPod oder ein Speichermedium wie eine CD oder einen USB-Stick. Es ist vor allem dann riskant, wenn dabei eine Schadsoftware mit auf den eigenen Rechner eingeschleust wird oder wenn die Rechte des Urhebers dieser Dateien verletzt werden, wobei in diesem Zusammenhang → Uploads beim → Filesharing noch problematischer sind (mehr dazu lesen Sie in Kapitel 4).

Filesharing

Wörtlich übersetzt bedeutet dieser Begriff „Dateiteilen". Gemeint ist aber eher eine gegenseitige Kopiererlaubnis: Beim Filesharing stellt ein Internetnutzer

Dateien, die er auf seinem Computer gespeichert hat, anderen Nutzern zum → Download zur Verfügung und erhält dafür Zugriff auf Dateien, die diese anderen Nutzer per → Upload ins Internet bereitgestellt haben. Die Teilnahme an solchen „Tauschbörsen" ist insbesondere beim Filesharing von Musikstücken und Filmen problematisch, weil dabei fast immer das Urheberrecht verletzt wird.

Firewall

Die „Brandmauer" soll den Rechner vor unerlaubten Zugriffen durch Schadprogramme aus dem Internet schützen. Sie schützt aber den Internetnutzer nicht vor den eigenen Klicks und dem, was er sich damit möglicherweise „einfängt".

FSM

Das Kürzel steht für „Freiwillige Selbstkontrolle Multimedia-Diensteanbieter" und ist ein Zusammenschluss von Medienverbänden und Unternehmen der Online-Wirtschaft, der Vorgaben des Jugendschutzes selbstregulierend umsetzen soll. Die hier zusammengeschlossenen Unternehmen sind sich der Jugendschutzproblematik immerhin bewusst und versuchen, gewisse Standards und einen Verhaltenskodex durchzusetzen.

Tipp

Auf der Website *www.fsm.de* finden Sie auch ein Beschwerdeformular, mit dem Sie melden können, wenn Sie auf einer „Kinderseite" auf jugendgefährdende Inhalte wie Gewaltdarstellungen, Kinderfotos in erotischen Posen oder auch rechts- oder linksradikales Gedankengut gestoßen sind.

ICQ

Der Name dieses → Instant Messaging Programmes ist die lautmalerische Umsetzung von „I seek you" (= ich suche dich), der schon den Nutzen andeutet, den es bietet: Mit dem kostenlosen Plauderprogramm kann man jederzeit herausfinden, welche Freunde gerade online sind, mit ihnen Text-Mitteilungen, Fotos oder andere Dateien austauschen, mit- oder gegeneinander bei Online-Spielen mitmachen.

Eine integrierte Audio- und Video-Chatfunktion erlaubt es, dass die (angemeldeten) Nutzer per Headset miteinander telefonieren und bei Einsatz einer Webcam dazu sogar ein Live-Bild übertragen können. Noch dazu ist das Programm kompatibel zu sozialen Netzwerken wie Google+, Facebook, Twitter und YouTube und ermöglicht den direkten Zugriff auf sie.

Instant Messaging (IM)

Der Begriff bedeutet wörtlich „sofortige Nachrichtenübermittlung" und bezeichnet eine Unterhaltung zwischen Chatpartnern, die direkt – also nicht für die anderen Teilnehmer sichtbar über das Forum – miteinander kommunizieren, und zwar per Textnachricht, Telefon und/oder Videoübertragung.

Beliebte Instant Messaging Programme sind → ICQ, WLM (Windows Live Messenger), AIM (AOL Instant Messenger) und Skype (wobei Skype am bekanntesten für seine Videotelefonie ist). Insgesamt ist die Beliebtheit der Instant Messenger unter Kindern und Jugendlichen in den letzten Jahren etwas zurückgegangen, da die dort angebotenen Funktionen auch in Sozialen Netzwerken wie Facebook verfügbar sind.

IP-Adresse

„IP" ist die Abkürzung von „Internet Protocol" und meint bestimmte Regeln, nach denen Computer untereinander über das Internet kommunizieren. Eine dieser Regeln lautet, dass jeder Internet-PC eine IP-Adresse haben muss, damit die Datenströme beim Aufrufen von Websites auch dort ankommen, wo sie hin sollen. Die IP-Adresse ist eine Nummer, die vom Internetdienstleister

(Provider) vergeben wird, sobald sich ein Computer einwählt, also „online geht“.

Diese Nummer wird dynamisch vergeben, das heißt: Für jede Internetsitzung erhält der Rechner eine neue IP-Adresse, die nur solange gilt, wie er online bleibt (nach längstens 24 Stunden trennt der Provider kurz die Verbindung zum Internet). Beim nächsten Einwählen bekommt der Rechner eine neue Nummer.

Gut zu wissen

IP-Adressen sind recherchierbar, da sie der Telefonnummer bzw. Internet-Einwahlnummer des Computers zugeordnet werden können. Dadurch kann beispielsweise bei einer Urheberrechtsverletzung ein abmahnender Anwalt belegen, dass ein bestimmtes Musikstück von einem bestimmten Rechner aus hoch- oder heruntergeladen wurde.

Nickname

Pseudonym, unter dem ein Nutzer in einem → Chatroom oder → Webforum → postet.

Online-Community

Oberbegriff für alle Gemeinschaften, die sich im Internet miteinander austauschen. Auch die Teilnehmer an einem bestimmten Forum können sich untereinander als Community betrachten; der Begriff wird manchmal auch als gleichbedeutend zu → Soziale Netzwerke verwendet.

Posting/Post

Mitteilung in einem → Chat- bzw. → Webforum oder → Blog

Profil

Seite mit persönlichen Angaben über den jeweiligen Nutzer innerhalb eines → Sozialen Netzwerks oder → Chatforums. Ein Profil umfasst in der Regel ein Foto, den Nutzernamen, Angaben zu Geschlecht, Alter und Wohnort sowie zu Hobbys und Interessen. Das Profil dient vor allem der Selbstdarstellung gegenüber anderen Mitgliedern der jeweiligen → Online-Community.

Soziale Medien/Social Media

Oberbegriff für alle „Mitmachmedien", bei denen Internetnutzer sich registrieren, sich austauschen und eigene Inhalte bereitstellen können. Nach diesem Verständnis gehören zu den Sozialen Medien sowohl → Chatforen als auch andere → Online-Communities, → Soziale Netzwerke und auch Portale, bei denen die Nutzer eigene Bilder und Filme hochladen können.

Soziales Netzwerk

→ Online-Community, die mehrere Funktionen in sich vereinigt, nämlich gleichzeitig das Erstellen eines eigenen Profils zur Selbstdarstellung, das Posten von Beiträgen an eigene und fremde „Pinnwände", das Hochladen von Fotos, die Teilnahme an Diskussionsforen sowie den für andere nicht einsehbaren Austausch per → Instant Messaging. Dabei kann man sich mit anderen Mitgliedern des Netzwerks verlinken und diese so zu „Freunden" erklären. Das weltweit größte, bekannteste und bedeutendste Soziale Netzwerk ist derzeit Facebook.

Thread

→ Posting mit dazugehörenden Reaktionen in einem → Webforum.

Upload

Hochladen/Bereitstellen von eigenen Dateien ins/im Internet.

Web 2.0

Auch dieser Begriff bezeichnet ein Mitmachinternet, das gewissermaßen die zweite Entwicklungsstufe des weltweiten Netzes darstellt: Wurden zu Beginn des Internetzeitalters Inhalte (Content) von institutionellen Anbietern bereitgestellt und von privaten Nutzern abgerufen, kann heute jeder Nutzer selbst Inhalte erstellen und zur Online-Nutzung für andere bereitstellen. Viele Jugendliche (38 Prozent laut JIM-Studie 2011) stellen inzwischen ebenfalls regelmäßig „user generated content" in Form von eigenen Textbeiträgen (→ Postings), Bildern und Filmen ins Netz.

Webforen

Sie gibt es ebenfalls als Austauschplattformen zu bestimmten Themen oder für bestimmte Nutzergruppen. Anders als bei → Chatforen findet hier die Kommunikation aber nicht in „Echtzeit" statt, sondern zeitversetzt; ein Nutzer schreibt einen Beitrag, den kommentiert ein anderer, ein weiterer schreibt eine Antwort darauf usw. Das ursprüngliche → Posting und die Antworten darauf werden meist hierarchisch in Form einer Baumstruktur angezeigt und ergeben zusammen einen → Thread. Webforen gibt es ebenfalls moderiert und unmoderiert.

Wie steht es um die Internet- und Social-Media-Nutzung von Kindern und Jugendlichen?

Unsere Kinder werden im Zweifelsfall das Argument einsetzen, das wir auch schon genutzt haben, wenn wir unsere skeptischen Eltern von etwas überzeugen wollten:

„Alle anderen in meiner Klasse haben/machen/dürfen das auch!"

Aber stimmt das denn?

Tipp

Wer sich diese Frage stellt, kommt bei der Beantwortung nicht an den beiden Basisstudien des Medienpädagogischen Forschungsverbundes Südwest (mpfs) vorbei, die alle zwei Jahre den Medienumgang von Kindern zwischen sechs und 13 Jahren in der KIM-Studie (KIM steht für Kinder + Medien, Internet + Computer) und das von Teens zwischen zwölf und 19 Jahren jährlich in der JIM-Studie (Jugend, Information, Multimedia) detailliert untersuchen.
Sie finden die jeweils aktuellen Studien im Internet unter *www.mpfs.de*.

Die KIM-Studie 2010 zeigt, dass die Internetnutzung tatsächlich schon für Sechs- bis 13-Jährige zum Alltag gehört:

- In 89 Prozent der Haushalte, in denen die befragten Kinder leben, gab es einen Computer mit Internetanschluss,
- 57 Prozent der Kinder nutzten das Internet, bei den Zwölf- bis 13-Jährigen 90 Prozent.
- 15 Prozent der Befragten hatten einen eigenen PC im Kinderzimmer stehen, zehn Prozent sogar mit Internetanschluss.

Diese Computer wurden auch intensiv genutzt und von den Kindern sehr geschätzt. Auf die Frage, auf welches Medium sie am wenigsten verzichten könnten, stand zwar für rund zwei Drittel noch der Fernseher auf Platz 1, aber auf Platz zwei folgte mit einem Anteil von 25 Prozent bereits der Computer bzw. das Internet. Dabei nutzten die Kids den Rechner keineswegs nur für Spiele und Lernhilfen, sondern der Anteil der kindlichen User, die mindestens einmal wöchentlich Soziale Netzwerke im Internet besuchten, lag 2010 bereits bei 43 Prozent.

Die Autoren der Studie zeigten sich selbst erstaunt darüber, wie groß die Rolle ist, die Soziale Netzwerke und insbesondere Communities für die relativ jungen Nutzer bereits spielen:

„… bereits jeder Dritte der zehn- bis elfjährigen Internet-Nutzer hat ein Profil in einer Community, bei den Zwölf- bis 13-Jährigen sind es dann

doppelt so viele. Dies überrascht, denn die meisten Anbieter erlauben erst ab zwölf Jahren oder gar noch später das Anlegen eines eigenen Profils. Zwei Drittel der Mitglieder sind bei schülerVZ angemeldet, ein Fünftel hat einen Account bei Facebook, ein geringerer Anteil ist bei wer-kennt-wen, lokalisten sowie weiteren Plattformen vertreten.“ (KIM-Studie 2010, S. 34)

Rund ein Drittel der Kinder wurde mindestens einmal wöchentlich in Chatrooms aktiv, bei den Zwölf- und 13-Jährigen war es bereits die Hälfte. 30 Prozent nutzten Instant Messenger, tauschen sich also auf Wegen aus, die von anderen Chatpartnern nicht eingesehen werden können.

Noch eindeutiger ist die Lage bei den Zwölf- bis 19-Jährigen, deren Medienverhalten die JIM-Studie untersucht. 2011 gab es in allen befragten Haushalten einen PC bzw. einen Laptop, und in jeweils 99 Prozent einen Internetzugang, Fernseher und Handy. 96 Prozent der Jugendlichen besaßen ein eigenes Handy (25 Prozent sogar ein internetfähiges Smartphone), 82 Prozent einen MP3-Player und 79 Prozent einen eigenen Computer. Diese Medien werden von über 80 Prozent intensiv genutzt, nämlich täglich bzw. mehrmals pro Woche.

Entsprechend schätzten die Befragten auch die Wichtigkeit der Medien ein: 90 Prozent der Jugendlichen empfinden es als wichtig oder sehr wichtig, Musik zu hören, 88 Prozent sagen dasselbe für die Internet- und rund 80 Prozent für die Handynutzung.

Nach eigener Einschätzung verbrachten Jugendliche im Jahr 2011 an einem durchschnittlichen Werktag bereits 134 Minuten im Internet, wobei es bei den Zwölf- bis 13-Jährigen „nur“ 80 Minuten und bei den ab 18-Jährigen stolze 168 Minuten sind. Ein Drittel der Befragten ging auch mobil mit einem Handy bzw. Smartphone ins Internet. Insgesamt verwendeten sie fast die Hälfte ihrer Internetzeit (44 Prozent) auf Online-Kommunikation, also die Nutzung von Communities, Instant Messenger, Chats und E-Mails und fast ein Viertel (24 Prozent) auf die Nutzung von Musik, Videos und Bildern.

Übersicht: Bei Kindern und Jugendlichen beliebte Soziale Medien

Facebook

2004 von Mark Zuckerberg gegründet, hat Facebook die bisher atemberaubendste Karriere eines Online-Netzwerks hingelegt: Unter dem etwas schwerfälligen Slogan „Facebook ermöglicht es dir, mit den Menschen in deinem Leben in Verbindung zu treten und Inhalte mit diesen zu teilen" haben sich inzwischen weltweit etwa 901 Millionen und europaweit 230 Millionen Nutzer, davon rund 23,7 Millionen in Deutschland (Stand: Juli 2012), vernetzt.

Diese Zahl ist noch beeindruckender, wenn man weiß, dass „nur" etwa 55 Millionen Deutsche derzeit einen Breitband-Internetzugang haben. Facebook ist derzeit das Soziale Netzwerk schlechthin und hat enorme Anziehungskraft (nicht nur) auf Kinder und Jugendliche.

Eine Einführung in die Facebook-Welt, die einzelnen Funktionen und die typischen Begriffe lesen Sie im *stern.de*-Webmagazin „Facebook, aber sicher!"

knuddels.de

Nach eigenen Angaben ist Knuddels mit 1,9 Millionen registrierten Nutzern die größte deutsche Chat-Community, die ganz auf Plaudern, Flirten und Spielen ausgerichtet ist. Knapp 30 Prozent der Nutzer sind jünger als 18 Jahre.

Das Unternehmen ist FSM-Mitglied und setzt vergleichsweise hohe Jugendschutz-Standards um. Die Chaträume bei Knuddels sind betreut, es gibt einen Notruf-Button und einen technischen Filter, der Gespräche, an denen Kinder beteiligt sind, überwacht und beim Auftauchen jugendgefährdender Inhalte automatisch beendet. Zusätzlich müssen alle Chatteilnehmer unter 16 Jahren nach den ersten zwei Onlinestunden einen „Jugendschutz-Test" mit Aufgaben zu sicherheitsrelevanten Themen ablegen.

schülerVZ, www.schuelervz.net/www.idpool.de

2005 gegründet waren die VZ-Netzwerke schülerVZ, studiVZ und freundeVZ einmal Deutschlands größtes Netzwerk.

schülerVZ richtete sich dabei explizit an Internetnutzer ab zehn Jahren, die „mithilfe von Profilseiten mehr über andere herausfinden, Fotos miteinander teilen, Nachrichten schicken, Spiele spielen, in Themengruppen diskutieren und in vielfacher Weise mit bestehenden und neuen Freunden interagieren“ (Eigenwerbung des Unternehmens auf der Website *www.schuelervz.de* → Presse) wollten. Noch vor zwei, drei Jahren war für viele Teens die Mitgliedschaft bei schülerVZ ein Muss.

2007 wurde das vormalige Start-up von der Verlagsgruppe Georg von Holtzbrinck gekauft. Seitdem haben die VZ-Netzwerke viele Nutzer an Facebook verloren. Laut JIM-Studie 2011 hat sich allein von 2010 auf 2011 der Anteil der Jugendlichen, die bei schülerVZ aktiv waren, von 53 Prozent auf 29 Prozent fast halbiert, während sich im selben Zeitraum der Anteil der Facebook-Nutzer unter den zwölf- bis 19-Jährigen von 37 Prozent auf 72 Prozent fast verdoppelt hat. .

Die Folge: Die VZ Netzwerke firmieren seit Sommer 2012 unter dem Namen „Poolworks“ und arbeiten an einer kompletten Umgestaltung ihres Angebots. Ihr neues Schüler-Netzwerk geht unter dem Namen IDPool (*www.idpool.de*) an den Start, war aber bei Redaktionsschluss (Ende Juli 2012) noch nicht aktiv. Ob es sich (wieder) einen nennenswerten Marktanteil innerhalb der jungen Zielgruppe erarbeiten kann, darf bezweifelt werden.

Twitter

Miniblog-System, dessen Nutzer Kurznachrichten, die so genannten Tweets (von engl. tweet = zwitschern) von maximal 140 Zeichen Länge versenden kann, daneben aber auch Fotos und Videos. Andere Nutzer können die Tweets bestimmter Autoren abonnieren und so als „Follower“ laufend mitverfolgen, was diese Neues mitzuteilen haben.

Twitter wurde 2006 gegründet und hat heute weltweit bereits 140 Millionen Nutzer, wobei laut JIM-Studie 2011 das Gezwitscher derzeit nur für einen kleinen Anteil Jugendlicher in Deutschland interessant ist: Sieben Prozent lesen Tweets, nur fünf Prozent senden welche.

YouTube

2005 gegründet und seit 2006 im Besitz von Google, ist YouTube die bekannteste Videoplattform. Sie ermöglicht es (registrierten) Nutzern, Videos hochzuladen und von anderen eingestellte Filme zu kommentieren. Daneben fungiert sie als Online-Videothek, bei der man gegen eine „Leihgebühr" ganze Kinofilme sehen kann. Nicht registrierte Nutzer können die kostenlosen Videos nur ansehen. Über zwei Drittel der Jugendlichen nutzen laut JIM-Studie 2011 Videoplattformen wie YouTube oder sevenload.

Heute wichtige Soziale Medien werden zukünftig noch wichtiger werden

In der zweiten Phase des Internetbooms, eben im Web 2.0, lässt sich beobachten, was für alle jungen Branchen gilt:

In der Gründerphase strömen viele kreative und erfolgshungrige Anbieter auf den neuen Markt und probieren die unterschiedlichsten Konzepte aus. Im Laufe der Zeit kristallisiert sich heraus, welche Ideen bei den Nutzern ankommen und ein tragfähiges Geschäftsmodell ergeben. Dann konzentrieren sich sowohl die Nutzer als auch die Geldgeber und Geschäfts-/Werbepartner auf die erfolgreichsten Anbieter, was diese noch erfolgreicher macht und die weniger glücklichen Mitbewerber verdrängt.

Diese Konsolidierungsphase hat bereits begonnen: Inzwischen gibt es auf dem deutschen Markt in jedem Segment einen klaren Marktführer. Bei den Suchmaschinen ist das Google, bei den Sozialen Netzwerken Facebook, bei den Business-Netzwerken Xing, bei den Videoplattformen YouTube. International sieht es (außer bei den Business-Netzwerken) nicht viel anders aus.

Dabei übernehmen Soziale Medien Funktionen etablierter Anbieter aus anderen Internetsegmenten und werden diesen damit ebenfalls gefährlich. Google beispielsweise leidet darunter, dass immer mehr Nutzer nicht die Suchmaschine, sondern Facebook als Startseite einstellen und von dort aus weiter suchen und surfen. Entsprechend verlagern sich auch die Werbeeinnahmen hin zum Sozialen Netzwerk.

Wer Soziale Netzwerke nutzt, schreibt auch weniger SMS und E-Mails, nutzt Instant Messenger und sogar das Telefon weniger. All diese Kommunikationswege werden durch die eigene Pinnwand und den Nachrichtenversand innerhalb des Netzwerks ersetzt. Das erscheint vielen Erwachsenen kaum vorstellbar, wird aber durch mehrere Untersuchungen bestätigt, z. B. durch eine Studie, die das Beratungsunternehmen PricewaterhouseCoopers AG WPG (PWC) 2012 unter 1.000 deutschen Internetnutzern durchführte.

Für unsere Kinder heißt das: Wenn sie einmal in einem Sozialen Netzwerk aktiv sind – und sie werden schon wegen des sozialen Drucks kaum darum herumkommen –, werden sie dort sehr intensiv aktiv sein und entsprechend viel Zeit damit verbringen. Sehr wahrscheinlich wird Facebook das Netzwerk ihrer Wahl sein.

Wie sehen unsere Kinder Soziale Medien und speziell Facebook?

Carina, 10 Jahre:

Ich bin bei Facebook, weil es halt Spaß macht.

Valentine, 15 Jahre:

Gut an Facebook gefällt mir, dass ich mit meinen Freunden Kontakt halten kann. Alle meine Freunde sind hier angemeldet. Praktisch ist es, wenn ich mit Freunden telefonieren will, Mama aber auch telefoniert. Sogar für die Schule ist es nützlich: Wir haben für unsere Klasse eine Seite erstellt. Sollte es also Schwierigkeiten mit Hausaufgaben oder Lernen geben, muss man einfach nur einen Post senden und bekommt eine Antwort.
Schlecht an Facebook finde ich, dass es Leute gibt, die zu schnell das Maß verlieren, das ist wirklich nicht gut. Meine Freundin sitzt im Unterricht und ist mit ihrem Handy auf Facebook, da gibt es viele, die das machen.

Dominik, 20 Jahre:

Also ganz gut gefällt mir an Facebook, dass man seine Freunde relativ gut erreichen kann. Man braucht keine SMS zu schreiben oder anzurufen und spart noch dazu an Kosten. Außerdem ist man ständig auf dem Laufenden und erfährt von den neuesten Veranstaltungen, denn wenn irgendein Highlight ansteht (Party, Treffen), dann wird das sofort von einem Freund gepostet und man ist auf dem neuesten Stand.
Weniger gut gefällt mir, dass es wirklich zu extremer Abhängigkeit führen kann. Man hat dann das Gefühl, etwas zu verpassen, und ist gewissermaßen gezwungen, sich da jeden Tag einzuloggen.
Zusätzlich stelle ich noch die Sicherheit in Frage, weil sich auf meinem Account auch schon jemand eingeloggt und auf meine Kosten Schwachsinn verbreitet hat. Klar sollte man auch aufpassen, welche Fotos man dort hochlädt, weil das von manchen Personalchefs auch kontrolliert wird. Wenn dem ein unzumutbares Foto ins Auge fällt, stellt er einen halt dann nicht ein.

Diese Aussagen sind typisch für das, was jugendliche Facebook-Nutzer über ihr Netzwerk denken und sagen. Laut JIM-Studie 2011 sind nur zwölf Prozent der Zwölf- bis 19-Jährigen nicht in Sozialen Netzwerken aktiv, für die übrigen haben sie große Bedeutung. 78 Prozent nutzen Online-Communities mehrmals pro Woche, 57 Prozent täglich, und von diesen 57 Prozent zwei Drittel sogar mehrmals täglich. Fast drei Viertel der Befragten waren 2011 bei Facebook angemeldet, 29 Prozent bei schülerVZ, neun Prozent nutzten wer-kennt-wen und sechs Prozent schülerCC.

Facebook ist der Shootingstar unter den Sozialen Netzwerken und für Kinder ab der Pubertät gewissermaßen ein Muss, denn, wie auch Sie immer wieder von Ihrem Kind hören werden: „Fast alle meine Freunde sind auch da". Wenn man die Statistik betrachtet, stimmt das vermutlich sogar. Nicht umsonst ist Facebook für viele Menschen inzwischen zu einem Synonym für Soziale Medien bzw. Online Communities geworden.

„Offiziell" ist Facebook erst für Nutzer ab 13 Jahren zugänglich, weswegen die Nutzerstatistiken auch als jüngste Gruppe die der 13- bis 17-Jährigen ausweist (ihr Anteil an allen Nutzern in Deutschland liegt bei 17 Prozent).

Tatsächlich sind Kinder ab etwa der dritten Klasse dort aktiv, und bei den Sechstklässlern sind es gefühlte 70 Prozent – wobei es dazu natürlich keine Statistik gibt, denn die unter 13-Jährigen geben bei der Registrierung ja nicht ihr wahres Alter bzw. Geburtsjahr an. Weitere 27 Prozent der Facebook-Nutzer sind 18 bis 24 Jahre alt. Insgesamt sind das 9,89 Millionen Kinder, Jugendliche und junge Erwachsene. Zum Vergleich: Für 2010 gibt das Statistische Bundesamt an, dass die Gruppe der 15- bis 25-Jährigen etwa 9,14 Millionen Köpfe stark war.

Überhaupt Facebook: Sollen wir das unseren Kindern nicht am besten verbieten?

Facebook ist für die einen die coolste Erfindung seit es das Internet gibt und für die anderen die unnötigste. Die jeweilige Einschätzung ist auch eine Generationenfrage, aber nicht nur. Es gibt Eltern und Ältere, die Facebook lieben, und Teenager, die es blöd finden. Letztere sind aber in der Minderheit.

Facebook ist eine toll gemachte Kommunikationsplattform, auf der Kinder mit ihren Freunden und Bekannten Kontakt halten, Neuigkeiten, Links und Hausaufgaben austauschen, sich vernetzen und verabreden können. Für viele kommunikative und organisatorische Anliegen von Teenagern ist Facebook sehr praktisch.

Facebook ist aber auch umstritten, und das nicht ohne Grund. Es gibt sogar ziemlich viel Strittiges an Mark Zuckerbergs Supernetzwerk: Es

- verleitet viele Menschen dazu, private und sogar intime Informationen einer unüberschaubaren Öffentlichkeit preiszugeben, so dass sie dadurch „gläsern" und auf vielfältige Weise angreifbar werden,
- absorbiert sehr viel Zeit und Aufmerksamkeit vieler, insbesondere jugendlicher, Nutzer,
- ist eine Spielwiese für Internet-Kriminelle aller Art,
- bietet reichlich Ansatzpunkte und Gelegenheiten dafür, andere bloßzustellen, anzuprangern, zu mobben oder sexuell zu belästigen,

- nimmt den Datenschutz nicht sehr ernst und weigert sich, mit Verbraucherschützern zu kooperieren,
- sammelt, analysiert und verkauft Informationen über seine Nutzer an Werbekunden,
- hält seine Allgemeinen Geschäftsbedingungen (AGB) absichtlich intransparent und informiert seine Nutzer nicht aktiv über Änderungen der AGB und ihre Folgen,
- gestaltet die Möglichkeiten zum Schutz eines gewissen Maßes an Privatsphäre wenig benutzerfreundlich.

Und überhaupt: Wollen wir als Eltern, dass unsere Kinder Tag für Tag stundenlang auf Facebook sind und dort unkontrolliert Dinge machen, die wir nicht gutheißen?

Sollen wir ihnen das nicht einfach verbieten?

Nein. Ist Ihr Kind 13 Jahre oder älter und will zu Facebook, lautet mein Rat: Erlauben Sie es. Facebook ist Fakt. Es ist da, und es ist unter Kindern und Jugendlichen ein Muss, ganz egal, was wir Eltern davon halten. Der Gruppendruck ist so groß, dass die Kinder es notfalls auch heimlich nutzen, und sei es vom PC eines Freundes aus. Mit 13 sollte die erforderliche Medienkompetenz wenigstens teilweise vorhanden sein; Sie werden sie gemeinsam mit Ihrem Kind weiter ausbauen.

Anders sieht es bei jüngeren Kindern aus. Zwar denkt das Unternehmen derzeit (Stand: Juli 2012) über spezielle Kinderkonten nach, aber noch liegt das „offizielle“ Mindestalter bei 13 Jahren. Diese Eintrittshürde ist leicht zu überspringen, weil man bei der Anmeldung einfach ein anderes Geburtsjahr angeben kann. Viele Kinder tun das. Viele Eltern wissen davon oder unterstützen ihre Kinder sogar dabei. Ihr Argument lautet: „Man kann das Kind sowieso nicht davon abhalten, dann erlaube ich es ihm lieber und kann ihm dann mehr Medienkompetenz vermitteln, als wenn ich mich jetzt hart zeige und dann vielleicht keinen Zugang mehr zu ihm bekomme, wenn es erst einmal 13 ist.“

An diesem Punkt ist schon etwas dran. Es mag auch Fälle geben, in denen der Gruppendruck so enorm und das Kind so reif ist, dass das tatsächlich die bessere Lösung ist. Andererseits muss man mit dem Argument „das Kind macht das doch sowieso“ vorsichtig sein. Wenn ein Elfjähriger unbedingt rauchen oder Alkohol trinken will, wird er das ebenfalls hinter dem Rücken seiner Eltern tun, ohne dass sie ihn daran hindern können. Trotzdem kämen nur wenige Eltern auf die Idee, ihren Kindern Schnaps und Zigaretten vorbeugend zuhause anzubieten.

Ich gebe zu, dieser Vergleich ist ein wenig polemisch. Trotzdem meine ich: Wenn Ihr Kind noch keine 13 Jahre alt ist, sollten Sie ihm die Teilnahme bei Facebook nicht erlauben, schon weil es kein gutes Vorbild wäre, das offizielle Mindestalter bei der Anmeldung durch eine falsche Angabe des Geburtsdatums auszuhebeln. Und je mehr Eltern dem Druck nachgeben und ihren Kindern die Mitgliedschaft früher erlauben, desto höher wird der Druck auf die übrigen Kinder und Eltern, auch mitzumachen. Am Ende beschleunigen die Eltern damit die Spirale der immer jüngeren Facebook-Teilnehmer, bis jeder Erstklässler schon dabei sein „muss“, weil alle anderen es auch sind.

Dem können wir uns nicht völlig entziehen, aber doch ein wenig gegensteuern: Wenn mehrere Eltern sich im Freundeskreis und beim Elternstammtisch in der Schule absprechen, ist die Devise „erst ab 13“ durchsetzbar. Ein paar Wochen vor dem Geburtstag können Sie sich ja erweichen lassen, aber grundsätzlich sollten Sie die Erlaubnis für den Tag in Aussicht stellen, an dem Ihr Kind den 13. Geburtstag feiert.

Ich handhabe das selbst so: Meine Älteste ist 14 und ist bei Facebook, meine Mittlere ist elf und muss noch warten. Sie darf aber beim (moderierten) Chat von *helles-koepfchen.de* mitmachen. In ihrer Klasse sind einige Kinder schon bei Facebook, die Mehrheit aber noch nicht.

Ob nun mit 13 oder davor, auf jeden Fall sollten wir unsere Kinder bei der Facebook-Nutzung begleiten. Dazu müssen wir uns natürlich selbst erst einmal damit befassen, uns informieren und am besten auch selbst dort aktiv werden. Natürlich unter Berücksichtigung aller Vorsichtsmaßnahmen, über die Sie auf den folgenden Seiten mehr lesen werden.

Weil Facebook eine so herausgehobene Rolle spielt, werde ich es im Rahmen dieses Buches ausführlicher beleuchten. Vieles von dem, was an dieser Plattform fasziniert und gefährdet bzw. bei ihrer Nutzung beachtet werden sollte, ist aber bei anderen Sozialen Netzwerken ähnlich.

Tipp

Günter Steppich, Fachberater für Jugendmedienschutz am Staatlichen Schulamt für Wiesbaden und den Rheingau-Taunus-Kreis hat eine eigene Gruppe „Facebook für Eltern" gegründet (*www.medien-sicher.de*). Dort bekommen Sie laufend aktuelle Tipps und Informationen rund um Facebook und Medienerziehung und können auch Fragen stellen, die von Steppich und den anderen Gruppenmitgliedern beantwortet werden.

Kapitel 2

Welche Risiken gibt es im Internet und welche Grundregeln sind zu beachten?

Um sich sicher und souverän im Internet und insbesondere in Sozialen Medien bewegen zu können, brauchen unsere Kinder (genau wie wir) ein Bewusstsein für die Risiken, die dort lauern. Denn nur wenn sie die Risiken kennen, können sie sich darauf einstellen, sie erkennen und vermeiden. Dieses Kapitel dient also nicht der Panikmache, sondern der Sensibilisierung.

Ohne meinen Virenschutz und meine Firewall mache ich gar nichts!

Der IT-Sicherheitsexperte und Fachjournalist Uli Ries sagt es sehr pointiert:

> *„Jeder kriminelle Online-Angriff zielt auf das, was sich zwischen Monitor und Stuhllehne befindet – nämlich auf uns! Betriebssysteme sind inzwischen technisch ziemlich sicher, die Schwachstelle ist der Mensch. Schadsoftware verbreitet sich nicht selbst, sie verbreitet sich über uns!"*

Selbst Erwachsene denken oft, sie wären kein Angriffsziel für Internetkriminelle, nach dem Motto: „Wer interessiert sich denn schon für Karlchen Müller und seinen privaten PC?" Die meisten Kinder kommen erst recht nicht auf die Idee, jemand könnte versuchen, ihren Rechner zu infiltrieren und Daten zu stehlen.

Es geht aber gar nicht um Karlchen Müller und seine persönlichen Surfgewohnheiten. Es sitzt auch nirgends ein einsamer Hacker, der versucht, gezielt Ihren Rechner zu knacken. Sondern es geht schlicht und einfach um Geld. Und wer viel Geld mit geklauten Daten verdienen will, muss viele solcher Daten haben. Die Masse macht es, und dafür wird massenhaft Software eingesetzt, die völlig automatisch und standardisiert diejenigen Nutzer ausspäht, die sich zu sorglos durch das Internet bewegen.

Ausspionierte Kreditkarten- und PayPal-Konten beispielsweise werden in Hunderterpaketen an andere Betrüger weiterverkauft, mit abgefischten Passwörtern werden Online-Buchungen auf Betrügerkonten vorgenommen und eingeschleuste Software macht zigtausende Rechner zu Spam-Schleudern, ohne dass ihre rechtmäßigen Eigentümer etwas davon ahnen. Pädophile oder schlichte „Spanner" aktivieren die Webcams an den Rechnern ahnungsloser Nutzer und filmen sie in ihrem Privatleben. Das sind keine Einzelfälle, das passiert jeden Tag tausendfach.

Laut BITKOM-Studie „Datenschutz im Internet" surfen aber immer noch rund 20 Prozent der deutschen Internetnutzer völlig ohne Virenschutz und Firewall! Das ist schon beinahe kriminell fahrlässig.

Tipp

BITKOM steht für den Bundesverband Informationswirtschaft, Telekommunikation und neue Medien e.V., der sich als Sprachrohr der IT-, Telekommunikations- und Neue-Medien-Branche versteht und über 1.700 Unternehmen vertritt. Der Verband führt immer wieder Befragungen zur Internetnutzung durch, die Sie unter *www.bitkom.org* → Publikationen → Studien und Grundsatzpapiere finden können.

Das mit dem Schutz für den Computer wissen Sie bestimmt schon, wobei Virenschutz und Firewall natürlich nur dann funktionieren können, wenn sie laufend upgedatet werden und auch die anderen sicherheitsrelevanten Programme auf Ihrem Rechner (z. B. Windows und der Adobe FlashPlayer) immer auf dem neuesten Stand sind.

Gut zu wissen

Was Sie und Ihr Kind tun können, um sich vor Schadsoftware zu schützen

- Kaufen Sie einen guten Virenscanner und eine Firewall, die Sie auf „automatische Updates" einstellen.
- Lassen Sie die Sicherheitseinstellungen in Ihrem Betriebssystem prüfen.
- Führen Sie angebotene Updates Ihrer Programme immer sofort durch, denn diese dienen oft vorwiegend dem Schutz vor Sicherheitslücken.
- Richten Sie neben Ihrem Administratorzugang eigene Benutzerkonten für Ihre Kinder ein, deren Rechte Sie so beschränken, dass von dort aus keine Software installiert und die Sicherheitseinstellungen des Betriebssystems nicht verändert werden können.
- Sichern Sie den Administratorzugang mit einem Passwort, das erstens nicht leicht zu erraten ist und zweitens regelmäßig geändert wird.
- Stellen Sie Ihr E-Mail-Programm so ein, dass Sie den Inhalt über die Vorschau erfassen und zweifelhafte E-Mails ungeöffnet löschen können.

- Öffnen Sie keine E-Mail-Anhänge, wenn Sie den Absender nicht kennen oder der Inhalt nicht vertrauenswürdig wirkt, denn über solche Anhänge verbreiten sich immer noch die meisten Schadprogramme.
- Lassen Sie Ihr WLAN über die entsprechenden Einstellungen im Router gegen den Missbrauch durch Dritte sichern.

Wie sieht es mit dem Schutz auf Ihrem Smartphone bzw. auf dem Ihres Kindes aus?

96 Prozent aller Zwölf- bis 19-Jährigen besitzen laut JIM-Studie 2011 ein Handy. 95 Prozent davon haben eine Kamera integriert, 92 Prozent können per Bluetooth Daten austauschen, 90 Prozent MP3-Dateien abspielen und 81 Prozent mobil ins Internet gehen. Über ein Fünftel der Jugendlichen hatte bereits Apps auf seinen Smartphones installiert, und zwar vorwiegend Apps von Sozialen Netzwerken, Spiele und Instant Messenger. Das sind beeindruckende Zahlen.

Und das ist das Besorgniserregende daran: Gerade mal ein Viertel der Smartphone-Nutzer habe einen Virenschutz und nur 18 Prozent eine Firewall, hieß es beispielsweise im Telekom-Life-Report „Wie sicher surft Deutschland?" 2012. So ist es für Online-Kriminelle ein Leichtes, bei ungeschützten WLAN-Aktivitäten von Handybesitzern deren Passwörter und Zugangsdaten abzugreifen und sich so Zugang zu deren Bankkonten, Kreditkartendaten, Profilen in Sozialen Netzwerken usw. zu verschaffen. Nun nutzen Kinder normalerweise weder Online-Banking noch Kreditkarte, aber das ändert sich, sobald sie einen Ausbildungsplatz oder einen Ferienjob haben, bei dem ihr Lohn überwiesen wird.

Es gab auch bereits Fälle, in denen Jugendliche feststellen mussten, dass sich jemand auf ihr Handy eingewählt und von dort aus auf ihre Kosten teure Auslandsgespräche geführt hatte.

Noch findigere Internet-Kriminelle spielen mit der Vorliebe der Handynutzer für kostenlose „Apps". Sie bieten nette Kleinprogramme an, die sich als

Spiele oder Hintergrundbilder gebärden, aber in Wirklichkeit Abzock-Einrichtungen sind. Die harmloseren von ihnen führen nur zu plötzlichen Werbeeinblendungen. Andere verlangen plötzlich nach einem Download, der als Android-Update getarnt ist, so dass der arglose Handynutzer meint, seine Handysoftware benötige es. Klickt er dann auf „OK", wählt sein Handy sich bei teuren gebührenpflichtigen Nummern ein und verschickt SMS dorthin, oder er hat plötzlich einen „Premiumdienst" abonniert, der für nicht ersichtliche Leistungen regelmäßig Geld abbucht.

Wieder andere Betrüger bieten „Tests" oder „Gewinnspiele" im Internet, gerne auch bei Facebook, an. Der neugierige Teenager macht beispielsweise einen „IQ-Test". Damit er das – natürlich völlig belanglose – Testergebnis zu sehen bekommt, soll er seine Handynummer eingeben. Tut er das, bekommt er prompt eine SMS geschickt und gleich drei oder vier Euro abgebucht, und das oft mehrmals an einem einzigen Tag.

Gut zu wissen

Was Sie tun können, wenn Ihr Kind auf eine Handy-Abzocke hereingefallen ist

- Bei einem Prepaid-Handy sollten Sie umgehend Nummer und SIM-Karte wechseln, das ist der schnellste und sicherste Weg. Das zu Unrecht abgebuchte Geld muss Ihr Kind dann als „Lehrgeld" verbuchen (das ist meiner ältesten Tochter auch schon passiert, aber eben nur einmal).
- Bei einem Handyvertrag wenden Sie sich an den Telefonprovider und versuchen, dort zu erwirken, dass die Gebühren für den angeblichen „Premiumdienst" nicht an das Betrügerunternehmen abgeführt werden. Die Provider sind allerdings oft nicht sehr engagiert bei der Sache, weil sie an den teuren SMS schließlich mitverdienen. Deshalb sollten Sie auch nicht einfach die Lastschrift zurückbuchen lassen, denn dann kann es Ihnen passieren, dass der Handyanbieter Ihren Vertrag sperrt.
- Erklären Sie dem Telefonanbieter schriftlich, dass Sie der Rechnung widersprechen und alle Premium-, Abo- und SMS-Verträge mit sofortiger Wirkung kündigen. Sollte man Sie von dort an den Betrüger-„Drittanbieter" verweisen,

erklären Sie dort ebenfalls schriftlich, dass Sie (der Vertrag läuft ja nicht auf Ihr minderjähriges Kind, sondern auf Sie!) keinen Vertrag abgeschlossen haben, dass Sie aber vorsorglich den Widerruf erklären; eine Kopie dieses Schreibens schicken bzw. faxen Sie an Ihren Anbieter.
Entsprechende Musterbriefe finden Sie auf der Website Ihrer Verbraucherzentrale, die Sie auf der Website des verbraucherzentrale Bundesverbandes unter *www.verbraucherzentrale.de* ansteuern können.

Braucht jedes Kind ein Handy, und muss es immer ein Smartphone sein?

Das Handy ist heute für Kinder und Jugendliche eines der wichtigsten Statussymbole und wird bereits im Schulbus intensiv genutzt. Die Kids schreiben begeistert SMS, tauschen mit Freunden Lieder und Bilder per Bluetooth aus, hören Musik, spielen und checken ihre Facebook-Accounts auf ihrem Handy – und das alles weit entfernt von jeder lästigen elterlichen Aufsicht oder Kontrolle. Auch jenseits der Abo-Fallen gibt es aber bei der Handy-Nutzung Risiken, über die sich viele Eltern wenig Gedanken machen und die Kinder gar keine. Sie werden in den kommenden Kapiteln noch darüber lesen.

Damit will ich nicht sagen, dass Kinder kein Handy haben sollten. Meine haben auch eines bekommen, sobald sie nicht mehr auf die Grundschule am Ort gingen, sondern weitere und umständlichere Schulwege mit Bus- und Zugfahrten in Kauf nehmen mussten. Sie sollen anrufen können, wenn es ein Problem gibt, und ich will sie natürlich auch erreichen können.

Aber muss das Handy schon bei der Einschulung in der Schultüte liegen? Müssen Sechs- und Siebenjährige ständig telefonisch erreichbar sein? Ich meine: Nein. Grundschulkinder brauchen kein Handy. Sie können vom Sekretariat der Schule aus zuhause anrufen, wenn es ein Problem gibt, und den Schulweg inklusive dem Weg in eine eventuelle Nachmittagsbetreuung sollte ein Kind ab der ersten Klasse auch ohne telefonisches Coaching problemlos bewältigen können. Wenn dann eine weiterführende Schule besucht und der Schulweg länger und komplexer wird, wenn das Kind nachmittags alleine zu weiter entfernten Aktivitäten unterwegs ist, ist ein Handy natürlich schon nützlich und angebracht.

Welches Handy braucht ein Fünftklasskind? Eine Klassenkameradin meiner Tochter hat gleich zu Schuljahresbeginn ein iPhone geschenkt bekommen – und zwar mit der strikten Auflage, es nicht herumzuzeigen, es ausschließlich für dringende Anrufe nachhause zu verwenden und die Handynummer geheim zu halten. Die Mutter des Mädchens war sehr enttäuscht und verärgert, als sie erfuhr, dass ihre Tochter ihr neues iPhone sofort überall herumgezeigt, mehrmals täglich SMS an Freundinnen verschickt, Fotos gemacht und an andere verschickt, Lieder weitergegeben und „eingetauscht" und Chatforen im Internet besucht hatte. Sie wertete das als Vertrauensbruch.

Aber mal ehrlich: Was erwarten Sie, was eine Zehnjährige mit einem iPhone macht? Über wie viel Selbstbeherrschung müsste sie verfügen, um es unsichtbar in der Schultasche zu lassen und nur für Notfall-Telefonate zu benutzen? Sie sollten deswegen gut überlegen, ob das erste Handy gleich ein Smartphone mit Internetzugang sein muss, oder ob bis zum 14. Geburtstag nicht ein normales Handy reicht.

Vorsicht: Abo-Fallen im Internet

Erwachsene stolpern bei Routenplanern, Angeboten von Ahnenforschung oder Kochrezepten in Internet-Abo-Fallen, Kinder und Jugendliche eher bei Freeware-Downloads, Gewinnspielen und irgendwelchen Tests. Sie klicken sich durch Fragen, mit denen sich angeblich ihre Intelligenz oder ihr „Flirtfaktor" ermitteln lassen, machen „Liebes-Tests" aller Art, lassen sich ein persönliches Horoskop erstellen oder bei den Hausaufgaben helfen. Etliche dieser Fallen lauern auch in Form von Anzeigen oder Postings in Sozialen Netzwerken.

Manche dieser Angebote sind harmlos, viele sind aber nur darauf ausgelegt, naive Nutzer zu einem Klick zu verleiten, der in ein teures Abo führt. Dass es um ein Abonnement bzw. einen Vertrag mit längerer Laufzeit geht, steht irgendwo weit unten im Kleingedruckten, das natürlich kein auf sein „Testergebnis" neugieriges Kind liest (das Kleingedruckte lesen auch die meisten Erwachsenen nicht).

14 Tage später, also nach Ablauf der gesetzlichen Widerrufsfrist, kommt dann die böse Überraschung: Ins virtuelle Postfach oder in den realen Briefkasten flattert eine Rechnung über ein angeblich abgeschlossenes Abonnement. Wer nicht zahlt, bekommt Mahnungen und Drohungen, dass ein Inkassobüro eingeschaltet oder ein gerichtliches Mahnverfahren eingeleitet werde. Meistens sind das zwar leere Drohungen, aber viele Opfer sind so eingeschüchtert, dass sie doch zahlen. Und lästig ist das Ganze ja auch.

Immerhin hat der Gesetzgeber reagiert und im Sommer 2012 eine Änderung im Bürgerlichen Gesetzbuch (BGB) verabschiedet. Der neue Paragraf 312g BGB verpflichtet die Internet-Anbieter seit 1. August 2012 dazu, einen Button einzurichten, auf dem klar steht, dass es sich um ein kostenpflichtiges Angebot handelt. Gibt es keinen solchen Button, kommt kein Abo-Vertrag zustande, selbst wenn im Kleingedruckten etwas anderes steht. Davon werden sich aber nicht alle Betrüger abschrecken lassen, denn ihr mieses Geschäft ist sehr lukrativ.

Ähnlich wie bei den Handy-Abzockern brauchen die unseriösen Geschäftemacher für ihre Masche aber die persönlichen Daten des Nutzers. Ihr Kind sollte also ganz genau hinsehen oder Sie fragen, bevor es seinen richtigen Namen und seine E-Mail-Adresse oder sogar die vollständige Postanschrift irgendwo eingibt. Das ist bei Kostenlos-Tests technisch nicht erforderlich. Bei Internet-Gewinnspielen leuchtet es zwar ein, dass sie diese Daten benötigen, um den oder die Gewinner zu ermitteln – aber genau deswegen sollten Ihre Kinder nicht daran teilnehmen. Die meisten Gewinnspiele haben nämlich nur den einen Zweck, an persönliche Daten der Teilnehmer zu kommen, sei es für Marketing- oder für Betrugsvorhaben.

Gut zu wissen

Was Sie tun können, wenn Ihr Kind in eine Abo-Falle geraten ist

- Wenn Ihr Kind noch nicht den siebten Geburtstag gefeiert hat, ist es nach dem Gesetz nicht geschäftsfähig, kann also gar keinen Vertrag abschließen. Wenn Sie ganz sichergehen wollen, schicken Sie ein entsprechendes Schreiben an den unseriösen Anbieter, und zwar per Einschreiben mit Rückschein.
- Ist Ihr Kind zwischen sieben und 18 Jahren alt, gilt es als „beschränkt geschäftsfähig". Das heißt: Verträge sind nur dann gültig, wenn Sie zustimmen. Entsprechend schreiben Sie in diesem Fall, dass Sie die Zustimmung verweigern.
- Ist Ihr Kind bereits volljährig, sollten Sie schon deswegen schriftlich reagieren, damit es keinen Eintrag bei der Schufa oder einer anderen Auskunftei bekommt, der sich negativ auf seine (spätere) Kreditwürdigkeit auswirken könnte.
- Deshalb sollten Sie bzw. Ihr Kind binnen vier Wochen schriftlich – am besten per Einschreiben und Rückschein – erklären, dass kein Vertrag geschlossen wurde und Sie der Zahlungspflicht widersprechen. Musterformulierungen für solche Schreiben bekommen Sie bei den Verbraucherzentralen, deren Adressen Sie im Internet unter *www.verbraucherzentrale.de* finden.
- Einem gerichtlichen Mahnbescheid müssen Sie dagegen sofort, und zwar auf dem mitgeschickten Formular, widersprechen. Dazu wenden Sie sich am besten an einen Anwalt.

Selbst reine Kinderspieleseiten führen manchmal in Abzockerfallen oder zu problematischen Inhalten

Jüngere Kinder bis zum Ende des Grundschulalters sehen das Internet vorwiegend als virtuellen Spielplatz. Es gibt ja auch eine riesige Anzahl von Online-

Spielen bzw. Spieleportalen für Kinder, von denen viele kostenlos und ohne Registrierung, nur über den Internetbrowser, genutzt werden können.

Wenn wir „kostenlos" hören, ist uns Erwachsenen klar, dass sich diese Seiten wohl anderweitig finanzieren müssen, denn natürlich wollen deren Anbieter nicht nur Kinder unterhalten, sondern auch Geld verdienen. Verdienstmöglichkeiten bieten sich über Werbung und über so genannte In-Game-Verkäufe, bei denen Spieler sich virtuelle Güter kaufen können, um ihr Spiel aufzupeppen oder einen Level weiterzukommen. Solche Käufe können Kinder auch problemlos alleine tätigen, weil sie beispielsweise über eine SMS oder einen Anruf auf eine gebührenpflichtige Nummer bezahlt werden. Das ist natürlich völlig legitim und an sich nicht weiter problematisch.

Wohl aber ist es problematisch, wenn Werbung auf diesen Portalen selbst wie ein Spiel oder ein Filmclip aussieht und von den Kindern deswegen gar nicht als Werbung erkannt wird. Dabei geht es nicht nur um die Verlockung zu weiteren Käufen, sondern oft leiten diese „Anzeigen" bei einem Klick darauf weiter an externe Seiten – und die sind mitunter gar nicht mehr kindgerecht, sondern führen zu zweifelhaften Gewinnspielen und Tests (siehe oben) und teilweise sogar zu Gewalt-, Horror- oder Sexseiten.

Auf den ersten Blick unbedenklicher sind die Gewinnspiele, die von den Seitenbetreibern selbst für die Kinder angeboten werden. Die aber dienen, wie bereits geschildert, wiederum der Datengewinnung für eine noch besser abgestimmte Werbung. Die „Einladungs-" oder „Geschenkfunktionen", mit denen die kindlichen Spieler Freunde zur Seite einladen oder ihnen virtuelle Geschenke zukommen lassen können, zielen ebenfalls ausschließlich auf die weitere Datengewinnung und -verwertung ab.

Gut zu wissen

Das vom verbraucherzentrale Bundesverband durchgeführte Projekt „Verbraucherrechte in der digitalen Welt" hat 52 Portale, die Browser-Spiele für Kinder anbieten, 2011 auf ihren Umgang mit Werbung und Datenschutz hin untersucht. In 17 Fällen, also fast einem Drittel, wurde anschließend ein Unterlassungsverfahren eingeleitet, weil die Anbieter gegen rechtliche Bestimmungen verstoßen hatten. Betroffen waren auch sehr beliebte und bekannte Seiten wie *www.kika.de*, *www.toggo.de* oder *www.spielaffe.de*.

Das Fazit der Autoren der Studie lautet unter anderem:

> *Die Überprüfungen der Kinderspielportale durch das Projekt „Verbraucherrechte in der digitalen Welt" in diesem und im Jahr 2010 haben gezeigt, dass vielen Betreibern solcher Plattformen das Bewusstsein hinsichtlich des besonderen Schutzbedürfnisses von Kindern fehlt." (S. 19)*

Deswegen müssen wir als Eltern dieses Bewusstsein entwickeln und sehr genau hinsehen, was unsere Kinder wo im Internet machen.

Facebook ist - auch - eine Spielwiese für Online-Kriminelle

„Facebook ist hoch attraktiv für Kriminelle", warnt der Experte Uli Ries. Der Grund dafür liegt auf der Hand: Wer Daten ausspionieren und andere Internetnutzer abzocken will, wird das vorzugsweise da tun, wo es viele Nutzer gibt und wo es technisch ohne größere Probleme möglich ist. Nirgends gibt es weltweit derzeit mehr Nutzer als bei Facebook, und die technischen Hürden dort sind für gewiefte Internet-Kriminelle überwindbar.

Dabei geht es nicht um Schuldzuweisungen, denn Facebook bemüht sich durchaus, betrügerische Postings schnell aufzuspüren und zu entfernen. Die Betrüger sind aber sehr kreativ und laufend aktiv, weswegen Facebook-Nutzer den dort gebotenen Inhalten nicht blind vertrauen sollten, auch nicht, wenn sie – scheinbar – von einem „Freund" kommen.

Eine typische Betrügermasche funktioniert beispielsweise so: Ihr Kind bekommt einen sensationsheischenden Link zugeschickt. „Diese junge Frau musste sterben, nur weil sie auf Facebook war!" heißt es dann, oder „Acht niedliche Hundewelpen sind vom Tod bedroht – hilf uns, sie zu retten!" Ein

Pfeilsymbol auf dem dazugehörigen Bild suggeriert dem erschrockenen, aber natürlich auch neugierig gewordenen Kind, dass es dort einen Filmclip zu sehen bekäme.

Tatsächlich führt der Klick aber zu einer anderen, externen Website, die aber so aussieht, als gehöre sie noch zur selben Plattform. Während das Kind noch glaubt, bei Facebook zu sein, erscheint eine Frage wie „Willst du den Film sehen?“, die mit „OK“ zu bestätigen ist, und meist ein Facebook-typischer „Gefällt mir“-Button. In dem Moment, in dem das Kind auf „Gefällt mir“ klickt, erscheint das ursprüngliche Posting/der Link bei allen seinen Facebook-Freunden, und zwar mit seinem Namen als Absender. Die wiederum werden diesem Link vertrauen, kommt er doch vermeintlich von einem ihnen bekannten Facebook-Freund.

Klickt es „Ok“, landet es bestenfalls bei einer externen Gewinnspiel- oder Werbe-Seite. Wenn es Pech hat, landet es in einer Abo-Falle und schließt versehentlich einen Vertrag über ein Klingelton-Abo oder etwas Ähnliches ab, der nur schwer zu widerrufen ist. Schlimmstenfalls installiert das Kind unwissentlich eine Schadsoftware, die fortan alle Benutzernamen, Passwörter und Kreditkartendaten ausspioniert, die von Ihrem Rechner aus eingegeben werden.

Sie können sich zur Abwehr solcher Schadprogramme auch keineswegs auf Ihr Virenschutzprogramm bzw. Ihre Firewall verlassen, denn das erste, was das Schadprogramm tut, ist, sich für diese unsichtbar zu machen. Ihre Schutzprogramme schützen Sie vor rein technischen Angriffen, aber nicht vor dem, was Sie bzw. Ihr Kind mit eigenen Klicks herunterladen.

Eine weitere, sehr wirkungsvolle Masche sind Postings mit den Aufforderungen „Sieh nach, wer heute dein Profil aufgerufen hat“ oder „Willst du sehen, wer dich aus seiner Freundesliste geworfen hat?“ Derzeit (Stand: Juli 2012) gibt es diese Funktionen bei Facebook nicht. Aber natürlich sind beide Fragen bzw. die Antworten darauf (nicht nur) für Kinder und Jugendliche brennend interessant.

Mit einem Klick darauf erhält man aber keineswegs die begehrte Information, sondern erst einmal die Aufforderung, eine Anwendung zu installieren, die erlaubt, dass auf die Pinnwand und die Daten des Angesprochenen zugegriffen werden darf. Wer hier vertrauensselig „OK“ klickt, hat schon verloren – nämlich zumindest vorübergehend die Verfügungsgewalt über sein eigenes Facebook-Profil. Die Betrüger können nun problemlos alle Daten abgreifen und eigene Meldungen an die „Freunde" posten. Zumindest so lange, bis Facebook benachrichtigt wurde und den Spuk abstellt.

Diese Tricks werden übrigens keineswegs nur bei Facebook angewendet, auch in anderen Sozialen Netzwerken und selbst bei Google tauchen regelmäßig „vergiftete Links" auf. Grundsätzlich ist in Sozialen Netzwerken die Gefahr des unangebrachten „OK"- oder „Like-Klicks" immer da besonders groß, wo die fraglichen Links scheinbar von einem bekannten Absender stammen.

Wichtig

Zehn Regeln zum Schutz gegen Online-Kriminelle

Besprechen Sie diese Regeln mit Ihrem Kind, damit es kein Opfer solcher Online-Betrüger wird:

1. Gehe nie ins Internet, bevor Firewall und Virenscanner auf den neuesten Stand upgedatet sind, und zwar weder vom heimischen Computer noch von deinem Smartphone aus.
2. Du solltest mit einem mobilen Gerät (Handy, Notebook) aus möglichst nicht über einen öffentlichen Hotspot, etwa in einem Café oder am Bahnhof, ins Internet gehen, denn dort können Zugangsdaten/Passwörter usw. (auch die zu deinem Facebook-Account!) problemlos belauscht und „abgefischt" werden. Das gilt übrigens auch für Bluetooth-Verbindungen. WLAN und Bluetooth sollten ohnehin immer deaktiviert sein, wenn du sie nicht gerade brauchst.
3. Installiere Apps nur dann auf deinem Handy, wenn du sicher bist, dass die Quelle seriös ist. Sei bei kostenlosen Apps, deren Herkunft du nicht kennst, misstrauisch: Warum sollte jemand so etwas aufwendig programmieren und dann verschenken, wenn er keinen „Nebenzweck" damit verfolgt?
4. Dasselbe gilt für andere Kostenlos-Angebote: Vieles, das als „gratis" oder „kostenlos" angepriesen wird, soll dich in Wirklichkeit dazu verleiten, einen kostenpflichtigen Vertrag einzugehen. Sobald du aufgefordert wirst, deinen Namen und deine Adresse einzugeben, solltest du mit deinen Eltern sprechen oder das Angebot einfach wegklicken.

5. Mach nicht bei Internet-Gewinnspielen mit, wenn du nicht ganz sicher bist bzw. deine Eltern dir bestätigen, dass es sich um einen seriösen Anbieter handelt. Gewinnspiele (auch offline) dienen dazu, persönliche Daten für weitere Werbemaßnahmen zu bekommen, und viele führen ebenfalls in eine so genannte Abo-Falle.
6. Gib nie, wirklich niemals, deine Handynummer im Internet an, auch und ganz besonders nicht bei irgendwelchen Gewinnspielen.
7. Antworte nicht auf Werbe-SMS.
8. Sieh dir vor jedem Klick auf einen Link die Adresse genau an: Ist sie vertrauenswürdig? Steht z. B. immer noch Facebook vorne in der Adresse oder längst ein anderer Domainname?
9. Vertraue auch Postings von deinen Freunden nicht blind; wer weiß, ob diese nicht selbst auf einen betrügerischen Absender hereingefallen sind?
10. Mache nichts, was du nicht verstehst. Wirst du z. B. aufgefordert, Anwendungen herunterzuladen, Zugriffsrechte einzuräumen oder „merkwürdige Texte" (z. B. Java Scripts) zu kopieren, und in die Browserzeile einzugeben, solltest du niemals auf „OK" klicken bzw. diesen Anweisungen folgen.

Tipp

Weitere Informationen über Gefahren durch Schadsoftware, Datenklau und Internet-Betrügereien, über jeweils aktuelle Betrugsmaschen und Sicherheitsstandards finden Sie auf der Website des Bundesamts für Sicherheit in der Informationstechnik *www.bsi-fuer-buerger.de.*

Im Internet findet sich vieles, das nicht für Kinder gedacht ist und ihnen schaden kann

Manchmal stoßen Kinder versehentlich auf solche Inhalte, in der Pubertät suchen sie diese mitunter auch gezielt auf, sei es aus Neugier oder im Rahmen einer „Mutprobe". Auf andere Seiten gelangen sie durch Empfehlungen von mehr oder weniger guten Freunden … als Eltern sollten Sie wissen, womit Ihre Kinder es zu tun bekommen könnten, was sie ängstigen, abstoßen oder auch faszinieren und in ein gefährliches Fahrwasser locken könnte.

Dabei müssten Sie oft nicht lange suchen, um jugendschutzrelevante Inhalte zu finden: Sie sind in vielen Chatforen, Tauschbörsen und Sozialen Netzwerken verbreitet, wo sie von anderen Nutzern eingestellt wurden. Überall da, wo es keine Inhaltskontrolle von Postings, Uploads und Links gibt, finden sich Inhalte, von denen wir eigentlich nicht möchten, dass unsere Kinder sich damit beschäftigen. Und auch welche, deren Verbreitung eine Straftat darstellt. Typische Inhalte dieser Art sind:

Pornografie

Pornografie gehörte schon immer zu den meist gesuchten und genutzten Internet-Angeboten. Zwar ist in Deutschland die Verbreitung pornografischer Filme nur erlaubt, wenn der Anbieter sicherstellt, dass ausschließlich Volljährige Zugang dazu haben, aber wenn man ausländische Suchmaschinen oder Filesharing-Dienste nutzt, ist diese Regelung leicht zu umgehen. Sehr beliebt ist beispielsweise die Pornofilm-Tauschbörse YouPorn. Sie können davon ausgehen, dass entsprechende Links und Filme unter (vor allem männlichen) Jugendlichen rege ausgetauscht werden.

Richtig eklig wird es bei so genannter „harter Pornografie", deren Verbreitung in Deutschland absolut verboten ist. Dazu gehören Darstellungen, bei denen Sex mit Gewalt verknüpft ist, Sex mit Kindern oder mit Tieren. Stößt Ihr Kind auf Derartiges, sollten Sie das unbedingt bei der Internet-Beschwerdestelle (siehe Anhang) melden; bei Kinderpornografie wenden Sie sich am besten direkt an die Polizei.

Gewaltverherrlichung

Gewalt übt auf viele Jugendliche eine gewisse Faszination aus, weswegen Horrorfilme in einem gewissen Alter beliebt sind. Im Internet finden sich aber auch sehr reale Gewaltdarstellungen, etwa so genannte Snuff-Videos. Diese besonders widerlichen Filme zeigen, wie ein Mensch getötet wird. Meist sind sie gestellt (also ein Fake), manchmal aber auch echt. Sie werden auch über Filesharing-Seiten verbreitet.

Daneben gibt es so genannte Tasteless-Seiten, die Bilder von Unfallopfern, Gewalt- und Kriegsopfern sammeln und zeigen. Unter manchen Jugendlichen gilt es als eine Art Mutprobe, solche Filme und Bilder anzusehen; diese können selbst auf ältere Jugendliche sehr verstörend wirken.

Rechtsextremes und rassistisches Gedankengut

Nicht erst seit der Enttarnung der Zwickauer Terrorzelle ist klar, dass Neonazis in Deutschland im Internet sehr gut vernetzt sind. Die „Kameradschaften" versuchen, in Chatforen und Sozialen Netzwerken gezielt ihre Ideen zu verbreiten und Musik von einschlägigen Bands anzupreisen, die auch auf Schulhöfen getauscht bzw. verschenkt wird.

In Deutschland ist rassistische Propaganda zwar verboten, ebenso das Leugnen des Holocausts, das Verherrlichen des Nazi-Regimes und die Verwendung von Nazi-Symbolen, aber die Server mit entsprechend eindeutigen Angeboten stehen oft im Ausland. Deutsche Neonazis gehen meist geschickter vor und äußern sich so, dass es gerade noch von der Meinungsfreiheit gedeckt wird. Einstiegsthemen werden so gewählt, dass der extremistische Hintergrund nicht sofort erkennbar wird, wie „Für ein starkes Deutschland!" oder „Gegen Islamisten".

Gut zu wissen

So ist die Rechtslage

Meinungsfreiheit ist in einem Rechtsstaat ein hohes Gut, das in unserem Grundgesetz (Art. 5) besonders geschützt ist. Deswegen darf im Prinzip jeder alles denken und sagen, was er möchte, wie abstrus es auch sein mag. Man darf auch Pornografie besitzen oder Musik rechtsextremistischer

Bands. Man darf schreiben, dass man den Islam doof findet und den Rechtsstaat am liebsten abschaffen würde. Das alles ist nicht strafbar, auch wenn wir nicht wollen, dass unsere Kinder damit zu tun haben. (Ausgenommen sind die oben genannte Verherrlichung des Nazi-Regimes, Verwendung seiner Embleme und Aufstachelung zum Rassenhass.)
Die Freiheit endet aber da, wo Rechte anderer beeinträchtigt werden und wo zu Straftaten aufgerufen wird. Tauschen z. B. zwei Teenies begeistert Pornos oder Tasteless-Bilder, ist das ihre Privatsache. Schickt aber einer einem anderen Pornos, der das nicht will, ist das sexuelle Belästigung.
Das „Paulchen Panther"-Video, in dem die Mitglieder der Zwickauer Terrorzelle mit ihren Morden an ausländischen Mitbürgern prahlten, kursierte in rechtsextremistischen Kreisen schon länger, bis die Polizei es entdeckte.
Aber selbst da gilt: Nur der Besitz des Films ist keine Straftat. Das Weitergeben auch nicht. Erst wenn man sich dessen menschenverachtenden Inhalt zu eigen macht und den Film mit einem entsprechenden Kommentar („Super, die haben endlich etwas getan!") oder mit der Aufforderung zu einer weiteren Gewalttat („Wir mischen am Wochenende mal die Türken richtig auf!") verschickt, ist die Grenze zur Straftat überschritten.

Terrorismus-Tipps

Extremistisches Gedankengut findet sich natürlich auch in anderen Schattierungen, etwa in Form von Al-Kaida-Videos und Hasspredigten aller Art. Wer sich aktiv betätigen will, findet problemlos diverse Anleitungen zum Bombenbauen (bis hin zur Atombombe!) im Internet.

Explosionen haben für viele (meist männliche) Jugendliche auch ohne extremistischen Überbau einen Reiz, können aber zu schlimmen Unfällen und (Selbst-)Verletzungen führen.

Verherrlichung von selbstschädigendem und selbstzerstörerischem Verhalten

Magersucht (Anorexie) und Ess-Brech-Sucht (Bulimie) werden zwar oft verharmlosend „Essstörungen“ genannt, sind aber schwerwiegende psychische Krankheiten, die zu körperlichen Schäden bis hin zum Tod führen können. Besonders oft sind junge Mädchen davon betroffen, die unsicher sind, sich von gängigen Schönheitsidealen beeinflussen lassen und hohe Ansprüche an sich selbst haben. Es ist schwierig und langwierig, diese Krankheiten zu therapieren.

Allerdings gibt es auch Betroffene, die keine Therapie wollen, sondern ihre Krankheit als „Lifestyle“ und Triumph des Willens über den Körper und ihre (familiäre) Umgebung feiern. Sie verherrlichen auf so genannten „Pro ana-“ und „Pro mia“ Seiten den abgemagerten Körper in oft romantisierend arrangierten Bildern („Thinspiration“), bestätigen andere Kranke darin, auf dem richtigen Weg zu sein und Therapien abzulehnen, und geben Tipps dazu, wie man noch dünner werden und seine Essstörung möglichst lange geheimhalten kann. So verstärken sie das selbstzerstörerische Verhalten.

In den Pubertätswirren kommen depressive Schübe und Lebensüberdruss schon mal vor. Leider gibt es auch Internetangebote, die Selbsttötungsfantasien unterstützen und verstärken und sogar konkrete Tipps für leicht umzusetzende Methoden geben. Ein Polizeibeamter, den ich bei meinen Recherchen befragt habe, erzählte, dass sich in den letzten Jahren mehrere Jugendliche durch eine mit Hilfe eines Holzkohlengrills herbeigeführte Kohlenmonoxidvergiftung umgebracht hätten. Die Anleitung dazu fanden sie im Internet in einschlägigen Foren.

Viele Suizidforen lehnen zwar – zumindest offiziell – die Verbreitung von Methoden zur Selbsttötung ab, aber die User bestärken sich gegenseitig in ihren Absichten und verraten zumindest zwischen den Zeilen einiges Methodenwissen. Das ist sicher keine wünschenswerte Lektüre für Teenager.

Kindersicheres Surfen – geht das überhaupt?

Ja, das geht, zumindest bei unter Zehn- bis Zwölfjährigen. Kindersicher surft es sich, wenn Mama oder Papa mit dabei sind und/oder wenn der Surfraum auf garantiert kindergeeignete Inhalte beschränkt ist. Dazu müssen Sie sicherstellen, dass Ihr Kind nur von seinem eigenen Benutzerkonto aus ins Internet geht, für das Sie eine kindergeeignete Startseite bzw. Suchmaschine festgelegt haben.

Tipp

Sicheres Surfen für Jüngere mit fragFinn.de

Für jüngere Kinder (bis zwölf Jahre), die auch mal unbeaufsichtigt am PC sind, gibt es dank eines von der Bundesregierung geförderten Projekts eine spezielle Suchmaschine namens fragFinn (*www.fragfinn.de*). Sie listet als Treffer bei einer Suche nur ausgewählte, unbedenkliche Kinder- und Erwachsenenwebsites, wobei die Kinderinternetseiten immer ganz oben erscheinen. Ein Team aus Medienpädagogen prüft die Seiten und aktualisiert ständig die Whitelist (Positivliste), die bereits über 10.000 Domains umfasst, so dass Sie sich diese mühselige Arbeit sparen können.

So nutzen Sie fragFinn (Finn ist übrigens eine kleine grüne Raupe und das Maskottchen der Suchmaschine) am besten:

- Stellen Sie fragFinn als Startseite in Ihrem Internet-Browser ein.
- Legen Sie fragFinn als Standardsuchmaschine fest.
- Kombinieren Sie fragFinn mit einer Jugendschutzfiltersoftware, in welche die fragFinn-Whitelist integriert ist, denn nur dann ist der Surfraum für Ihr Kind wirklich abgesichert.

Weitere Kinder-Suchmaschinen und -Startseiten finden Sie im Anhang. Ansonsten sollten Sie ein paar Grundregeln berücksichtigen bzw. mit Ihrem Kind besprechen:

Wichtig

Grundregeln zur Nutzung von Social Media für Kinder bis zwölf Jahren

- Die wichtigste Regel lautet: Sie sollten mit Ihrem Kind über die Gefahren im Internet sprechen und gemeinsam Regeln zur Nutzung von Internet und Social Media aufstellen.
- Kinder bis zehn Jahre sollten nur spezielle Kinderseiten im Internet besuchen dürfen und dabei grundsätzlich beaufsichtigt werden.
- Wenn eine Beaufsichtigung nicht durchgängig möglich ist, sollten Sie eine Jugendschutzfiltersoftware benutzen (mehr dazu lesen Sie im nächsten Abschnitt), am besten in Kombination mit einer Kindersuchmaschine wie fragFinn.
- Ein PC mit Internetzugang gehört trotzdem nicht ins Kinderzimmer, sondern ins Wohnzimmer oder einen anderen Raum, in dem Sie die Nutzung zumindest weitgehend überwachen können.
- Begrenzen Sie die Internetzeit auf höchstens eine Stunde am Tag. Für Grundschulkinder darf es gerne auch weniger sein.
- Richten Sie jedem Benutzer des Computers ein eigenes Benutzerkonto (das geht unter Start → Systemsteuerung) mit beschränkten Rechten ein, damit Kinder z. B. keine Programme installieren oder deinstallieren können. Aber wenn sich jedes Kind sein eigenes Hintergrundbild auswählt, und das eine mit fragFinn und das andere mit einer anderen Kindersuchmaschine „arbeiten" will, ist das individuell möglich.
- Schützen Sie Ihr Administratorkonto mit einem sicheren Passwort vor dem Zugriff vorwitziger Sprösslinge.
- Nutzen Sie wenigstens die Sicherheitseinstellungen Ihres Webbrowsers, um Porno- und Gewaltseiten vom Bildschirm zu verbannen.
- Aktivieren Sie den Popup-Blocker, damit Ihr Kind auch auf diese Weise weder auf Werbung noch auf anstößige oder beunruhigende Inhalte stößt.
- Die Teilnahme an Chatforen sollte nur dann erlaubt sein, wenn es sich um seriöse Anbieter und moderierte bzw. überwachte Chats handelt. Auch dann sind aber die Regeln für sicheres Chatten einzuhalten (mehr dazu lesen Sie in Kapitel 5).
- Kinder unter 13 Jahren dürfen sich offiziell nicht bei Online-Communities anmelden (Ausnahme: schülerVZ bzw. IDPool), und daran sollten Sie sich halten.

- Erklären Sie Ihrem Kind, dass es im Internet auch Dinge gibt, die nur für Erwachsene gedacht sind und auch welche, die selbst Erwachsene abstoßend oder grausam finden. Ermutigen Sie es, Ihnen zu erzählen, wenn es auf Inhalte gestoßen ist, die es ängstigen oder vor denen es sich ekelt.

Was ist mit speziellen Filterprogrammen?

Idealerweise sitzen Sie bei jüngeren Kindern beim Surfen immer dabei. Nun wissen wir alle, dass der Alltag in einer Familie relativ häufig vom Idealzustand abweicht, weswegen die „Mama-Sicherung" nicht immer greift. Für solche Fälle kann eine technische Sicherung in Form einer Kinder- und Jugendschutz-Filtersoftware sinnvoll sein.

Wie funktioniert ein solches Filterprogramm?

Grundsätzlich gibt es zwei Ansätze: Entweder Sie wollen, dass Ihr Kind nur auf bestimmte, garantiert sichere Seiten zugreifen kann und alle anderen Seiten für es gesperrt sind. Dann nutzen Sie eine so genannte „Whitelist" (Positivliste) der erlaubten Seiten. Sie können eine solche Whitelist ganz individuell zusammenstellen und händisch eingeben, was allerdings recht aufwendig ist. Manche Filterprogramme haben auch schon geprüfte Whitelists (etwa die von fragFinn) integriert. Das ist eine typische Lösung für jüngere Kinder bis etwa zehn Jahren.

Oder Sie geben Ihrem Kind grundsätzlich alle Seiten frei, außer denen, die wegen möglicherweise jugendgefährdender Inhalte geblockt werden sollen. Die meisten Jugendschutz-Filterprogramme haben solche „Blacklists" (Negativlisten) integriert, mit denen explizit jugendgefährdende Seiten von Suchergebnissen ausgeschlossen werden, dort also gar nicht auftauchen. In Deutschland sorgt die Bundesprüfstelle für jugendgefährdende Medien (BPjM) für die laufende Aktualisierung der zugrundeliegenden Negativliste. Daneben suchen die Programme nach bestimmten Schlüsselbegriffen (z. B. Sex, Porno) und blocken Seiten, auf denen diese auftauchen.

Zusätzlich bieten die Programme unterschiedlich „scharfe" Einstellungen je nach Alter der surfenden Kids. Das funktioniert zusammen mit einer Selbstklassifizierung der Website-Anbieter, die eine Alterskennzeichnung im Quellcode (age-de.xml) ihrer Seite angeben. Das Filterprogramm „liest" diese Alterskennzeichnung und gibt die Seite nur dann frei, wenn Sie eine entsprechende Altersangabe gemacht haben.

Es gibt inzwischen eine ganze Reihe von Kinder- und Jugendschutz-Filterprogrammen auf dem Markt, die laufend weiterentwickelt werden. Manche sind kostenlos, andere kostenpflichtig, werden aber dafür regelmäßig upgedatet. Allen gemeinsam ist, dass die Blacklist-Variante nicht zu 100 Prozent zuverlässig arbeitet. Manchmal werden eigentlich unbedenkliche Inhalte geblockt, manchmal schlüpfen fragwürdige Inhalte durch, das lässt sich technisch eben nicht perfekt abgrenzen.

Tipp

Kostenlose Filterprogramme sind z. B.

- das JusProg-Jugendschutzprogramm (*www.jugendschutzprogramm.de*) und die
- T-Online Kinderschutz-Software (*http://t-online-kinderschutz.soft-ware.net/download.asp*, für Kunden mit Telekom-Internettarif kostenlos).

Kostenpflichtige Programme, die oft empfohlen werden, sind

- der Cybits Surf-Sitter (*www.surf-sitter.de*),
- Dolphin Secure (inzwischen auch in deutscher Sprache erhältlich unter *www.dolphinsecure.de*) sowie
- die Salfeld Kindersicherung (*www.salfeld.de*).

Praktisch sind diese Programme auch deswegen, weil Sie darin Surfzeitbegrenzungen für das jeweilige Benutzerkonto Ihres Kindes festlegen können. Es spart viele Diskussionen, wenn nicht die Eltern, sondern „der Computer" die Verbindung zum Internet trennt, wenn die Surfzeit abgelaufen ist.

Diese Zeiteinstellungen können Sie auch ohne spezielles Programm auf Ihrem Fritz! Box-Router vornehmen. Dort können Sie ebenfalls eine Whitelist eingeben, wobei der Zugriff auf die fragFinn-Whitelist nicht möglich ist.

Sie sollten sich aber nicht blind auf den Schutz durch eine Filtersoftware verlassen, besonders nicht, wenn Ihr Kind das Teenageralter erreicht hat.

Ältere Kinder wissen dank Ihrer Aufklärung und Beratung, dass es im Internet auch Inhalte gibt, die nicht für Kinder gedacht sind. Medienkompetente Kinder klicken solche Seiten einfach weg, wenn sie versehentlich darauf geraten. Im Laufe der Pubertät werden sie vielleicht auch gezielt nach solchen Inhalten suchen – und wenn diese bei Ihnen von einem Filter abgeblockt werden, dann tun sie das eben bei einem Freund, dessen Eltern keine solche Software installiert haben. Gewiefte Jugendliche können die Filterprogramme ohnehin umgehen bzw. austricksen.

Wirksamer als die beste Filtersoftware ist meiner Meinung nach deshalb eine Interneterziehung, die auf Begleitung und Beratung durch die Eltern sowie auf gegenseitigem Vertrauen basiert.

So beugen Sie Gefahren beim Instant Messaging vor

Die direkten Kommunikationsprogramme sind bei Kindern und Jugendlichen beliebt, weil sie erstens in der Regel kostenlos sind, es zweitens erlauben, eigene Kontaktlisten von Freunden zu erstellen, mit denen man dann drittens ganz bequem über den Computer chatten, spielen, telefonieren und sich sogar per Webcam dabei sehen kann.

Problematisch sind diese Tausendsassa-Programme vor allem deswegen, weil die Gespräche, die über sie abgewickelt werden, von Dritten nicht eingesehen werden. Das gefällt zwar den Jugendlichen, die von den Eltern oder einem Moderator nicht überwacht werden wollen, es gefällt aber auch Pädophilen und anderen Kriminellen, die sich so unbemerkt an Kinder heranmachen können und weniger guten „Freunden“ aus der Kontaktliste, die Kinder absichtlich oder gedankenlos mit verstörenden Inhalten wie Pornografie oder Gewaltvideos konfrontieren.

Gute IM-Programme bieten Sicherheitseinstellungen, die es Ihnen beispielsweise erlauben, Nachrichten von Unbekannten generell abzublocken oder belästigende Inhalte zu Dokumentationszwecken automatisch aufzuzeichnen. Grundsätzlich sollten Sie zudem dafür sorgen, dass Ihr Kind sein Messenger-Profil nicht zu detailliert anlegt, sondern möglichst wenige persönliche Angaben zu Alter, Adresse usw. macht.

Wichtig ist auch, die Kontaktliste restriktiv zu handhaben und nur Chatpartner aufzunehmen, die man persönlich kennt, sowie das eigene Profil nur diesen Freunden von der Kontaktliste zugänglich zu machen.

Tipp

Für Chatter zwischen acht und zwölf Jahren gibt es ein empfehlenswertes und ebenfalls kostenloses Instant Messaging Programm von Microsoft, den Windows Live Messenger für Kids. Er wurde in Zusammenarbeit mit der FSM (Freiwillige Selbstkontrolle Multimedia-Diensteanbieter) und jugendschutz.net (einer von den Bundesländern getragenen Initiative) entwickelt.

WLM für Kids schränkt die IM-Funktionen ein und gewährleistet dadurch mehr Sicherheit für Ihr Kind: Es kann nur mit denjenigen Kontakten aus seiner Freundesliste chatten, die Sie zuvor freigegeben haben und weder Dateien (also auch keine privaten Fotos oder Videos) versenden noch eine Webcam benutzen.

Zudem gibt es einen „Notfall"-Button, den das Kind anklicken kann, wenn es mit einem Inhalt konfrontiert wird, der ihm unangenehm ist oder es ängstigt. Dann erhalten Sie automatisch das Gesprächsprotokoll per Mail, und eine Kopie geht an einen 24-Stunden-Dienst der Johanniter e.V. „Seelsorge", der sich bei größeren Schwierigkeiten einschaltet.

Sie können das Programm unter *www.kinder-messenger.de* downloaden und finden dort auch weitere Sicherheitstipps.

Weitere Sicherheitstipps zum Chatten finden Sie in Kapitel 5.

Bei Teenagern sollten Sie vorwiegend auf Aufklärung setzen

Whitelists und Kindersuchmaschinen, spezielle Messenger und Kinderforen können spätestens mit Beginn der Pubertät keine geeigneten Schutzeinrichtungen mehr sein, weil die Kids sie dann nicht mehr akzeptieren, sondern nur noch „voll peinlich“ finden.

Sie werden dann entweder versuchen, den Schutz zu knacken oder irgendwie zu umgehen, und wenn sie dafür von ihrem Smartphone bei McDonalds ins Internet gehen (dort kann man täglich eine Stunde kostenlos surfen) oder den Rechner eines Freundes nutzen, dessen Eltern weniger sicherheitsbewusst sind als Sie.

Allenfalls die Surfzeitbegrenzung zuhause können Sie dann noch durchsetzen, was ich auch empfehle.

Ansonsten sind reine Verbote für normal-rebellisch Pubertierende kontraproduktiv. Hier hilft nur Aufklärung und Sensibilisierung. Ziel der Erziehung zur Medienkompetenz ist ja, dass Ihr Kind lernt, sich souverän und sicher durchs Netz zu bewegen. Dazu muss es die Gefahren und die geeigneten Schutzmaßnahmen kennen, sie aber nicht von Mama und Papa aufgezwungen bekommen, sondern selbstständig und (weitgehend) eigenverantwortlich anwenden.

Sie sollten Ihrem Kind nach entsprechender Information und Internetbegleitung vertrauen können, dass es sich an die Regeln hält. Umgekehrt sollte Ihr Kind zu Ihnen so viel Vertrauen haben, dass es Ihnen sagt, wenn es zu einem unerfreulichen Vorfall im Internet gekommen ist. Selbst dann, wenn es selbst etwas Dummes gemacht hat. Allzu oft vertrauen Teenies sich in solchen Fällen aber nicht ihren Eltern an, weil sie Angst haben, diese würden sie schimpfen und ihnen als Strafe oder Schutzmaßnahme den weiteren Zugang zum Internet oder in das jeweilige Soziale Netzwerk verweigern.

Reden Sie mit Ihrem Kind auch darüber und versichern Sie ihm, dass diese Gefahr nicht besteht. Sie verbieten ihm ja auch nicht das Fahrradfahren, nur weil es einmal gestürzt ist oder eine Vorfahrtsregel missachtet hat.

Wichtig

Grundregeln zur Nutzung von Social Media für Kinder ab zwölf Jahren

- Frühestens mit 14 Jahren, besser erst mit 16, sollte Ihr Teenager einen PC mit Internetzugang im eigenen Zimmer zur freien Verfügung haben. Für Jüngere sind die Versuchungen und die Gefahren des hemmungslosen Internetkonsums zu groß.
- Der Internetzugang sollte zeitlich begrenzt sein. Zwei oder drei Stunden am Tag sollten auch für eine(n) 16-Jährige(n) reichen, und wochentags sollte der Rechner abends ab 20 Uhr ohnehin ausgeschaltet sein.
- Das Handy sollte vor dem Schlafengehen ausgeschaltet und aus dem Zimmer des Jugendlichen entfernt werden.
- Besprechen Sie mit Ihrem Teenager, welche Daten er auf keinen Fall im Internet öffentlich preisgeben darf und welche nur „Freunde" in Sozialen Netzwerken sehen dürfen. Die Handynummer sollte nirgends im Netz zu finden sein.
- Gehen Sie gemeinsam die Privatsphäre-Einstellungen in den Sozialen Netzwerken durch, in denen Ihr Teenie aktiv ist. Für die Privatsphäre-Einstellungen bei Facebook finden Sie eine Schritt-für-Schritt-Anleitung im *stern.de*-Webmagazin „Facebook, aber sicher!"
- Interessieren Sie sich für die Online-Aktivitäten Ihres Kindes mit seinen „Freunden" und dafür, wer diese Freunde sind und was sie so machen – genauso, wie Sie sich für seine „echten" Freunde auch interessieren.
- Machen Sie klar, dass reale Verabredungen mit reinen Internet-Bekanntschaften tabu sind, solange Sie nicht wenigstens im Hintergrund dabei sind.
- Informieren Sie Ihr Kind über Urheber- und Persönlichkeitsrechte und über die Folgen, die Rechtsverletzungen haben können.
- Sensibilisieren Sie es auch dafür, dass das, was es lustig oder harmlos findet, für andere bereits beleidigend und verletzend sein kann.

Das Internet hat gerade für Jugendliche auch Suchtpotenzial

Viele Online-Spiele, insbesondere Rollenspiele, sind spannend, abwechslungsreich, herausfordernd. Sie sind so komplex, dass man sich regelmäßig länger damit beschäftigen muss, um überhaupt durchzublicken, um erfolgreich zu kämpfen oder zu bauen und noch weiter zu kommen. Je länger man ein Spiel spielt, desto besser wird man, desto weiter kommt man, desto mehr Ansehen gewinnt man bei den Mitspielern.

Kein Wunder, dass so mancher Jugendliche einen Großteil seiner Freizeit mit dem Spiel verbringt. Dort kann noch der pickeligste Jüngling mit Puddingmuskeln als muskulöser, strahlender Held auftreten, Siege erringen, Erfolge einheimsen und Status genießen. Das tut so gut. Diese Gefühle will er immer wieder erleben. Und dafür spielt er eben noch ein bisschen länger … und landet in der Computersucht.

World of Warcraft ist berüchtigt für sein Suchtpotenzial, aber es gibt genügend andere Spiele, die genauso wirken. Selbst vergleichsweise softe Spiele wie „Die Sims" haben ihre Abhängigen. Der Drogenbericht der Bundesregierung 2012 nennt dazu alarmierende Zahlen:

> *„Hiernach gelten in der Gruppe der 14- bis 64-Jährigen ca. 560.000 Menschen als internetabhängig und ca. 2,5 Mio. Menschen als problematische Internetnutzer. Die meisten davon sind jung: Unter den 14- bis 24-Jährigen zeigen etwa 250.000 Anzeichen einer Abhängigkeit und 1,4 Mio. ein problematisches Nutzungsverhalten. Bei den 14- bis 16-Jährigen sind es 100.000 Abhängige und 400.000 problematische Nutzer." (S. 43)*

Check-liste

Woran Sie erkennen, dass Ihr Kind computersüchtig bzw. gefährdet ist

- Ihr Kind sitzt jeden Tag mehrere Stunden am PC und weitet diese Zeiten immer mehr aus.

- Ihr Kind trifft sich seltener mit anderen, gibt sportliche Aktivitäten auf, zieht sich aus Vereinen und anderen Gruppen zurück.
- Freunde hat es nur noch online.
- Die schulischen Leistungen lassen nach, es werden keine Hausaufgaben mehr gemacht und nicht mehr gelernt.
- Ihr Kind weiß an freien Tagen nichts mit sich anzufangen, wenn es nicht vor dem PC sitzt. Der Computer ist seine einzige nennenswerte Freizeitbeschäftigung.
- Ihr Kind redet nur noch über das Spiel bzw. den Chat (wenn es überhaupt noch mit Ihnen redet) und interessiert sich für nichts anderes mehr.
- Wenn Sie verlangen, dass der Rechner ausgemacht bzw. die Nutzungszeit reduziert wird, reagiert Ihr Kind unverhältnismäßig aggressiv.

Meist beginnt das Spielen im Alter von zwölf bis 15 Jahren und steigert sich nach und nach. Erst ist es eine Stunde am Tag, es werden zwei oder drei, der ganze Nachmittag nach der Schule, dann wird auch nachts gespielt, und irgendwann dreht sich alles nur noch um das Spiel. In Online-Foren für Internetsüchtige berichten 20-Jährige davon, dass sie seit Jahren nichts anderes machen als spielen, dass sie die Schule oder Ausbildung geschmissen und keine realen Freunde mehr haben und nicht wissen, was sie mit ihrem Leben anfangen sollen.

Mädchen sind übrigens weniger anfällig für Online-Rollenspiele, verfallen aber dafür leichter dem exzessiven Chatten. Wer täglich mehrmals bei Facebook „reinschauen“ muss und dort mehr Zeit mit Chatten als mit echten Freunden verbringt, ist genauso suchtgefährdet wie der (männliche) Rollenspieler.

Hier sind wir Eltern gefragt! Gut gemachte Spiele sind toll. Es ist verständlich, dass sich unsere Kinder dieser Faszination nicht entziehen können. Deswegen ist es an uns, die Computernutzung von Vorneherein so zu begrenzen, dass unsere Kinder noch genügend Zeit und Energie für Schule, Sozialkontakte mit echten Menschen und Sport haben. Auch hier ist die Zeitbegrenzung am Router nützlich; in schweren Fällen muss der Internetzugang – auch der über das Handy – vorübergehend vielleicht sogar ganz gesperrt werden. Die Konflikte, die das mit sich bringt, müssen wir aushalten.

Tipp

Wenn Sie selbst nachlesen und auch Ihrem Kind zeigen wollen, wie schnell sich eine Computersucht entwickelt und wie schrecklich ihre Auswirkungen auf das Leben der Betroffenen und ihrer Angehörigen sind, schauen Sie sich gemeinsam das Selbsthilfeforum *www.onlinesucht.de* an. Die Lebensgeschichten dort sind teilweise so erschütternd, dass sie sicher eine abschreckende Wirkung haben.

Kapitel 3

„Nackt im Netz" - und das für immer?

Wer im Internet Informationen über sich preisgibt, sollte wissen, welche Folgen das haben kann und was er tun kann, um sich und seine Daten zu schützen. Natürlich sollte er auch das Recht anderer auf informationelle Selbstbestimmung respektieren und sich entsprechend verhalten. In diesem Kapitel lesen Sie, worauf es dabei ankommt.

Einmal im Netz – immer im Netz: Das Internet weiß viel und vergisst nichts

Wer im Internet aktiv ist, sitzt dabei meistens allein daheim vor seinem Rechner und fühlt sich unbeobachtet. Die virtuelle Welt ist irgendwo „da draußen" und ganz weit weg. Außerdem ist sie so riesig und unüberschaubar, da bin ich als einzelner kleiner Nutzer doch praktisch unsichtbar – oder?

Das ist ein Irrtum. Alles, was Ihr Kind im Netz tut, ist sichtbar für andere, und es gibt überraschend viele Leute, die sich dafür interessieren: die Klassenkameraden und Freunde, Lehrer, Nachbarn, entferntere Bekannte, potenzielle spätere Arbeitgeber, Abmahnanwälte und sogar die Polizei. Daneben auch unerfreulichere Zeitgenossen wie Pädophile, Sexualstraftäter und andere Kriminelle. Nicht zu vergessen all die Datensammler, die begierig darauf sind, zu erfahren, wofür Ihr Kind sich interessiert und welche Werbung bei ihm am besten wirkt.

Achtung

Name, Adresse, Telefonnummer, Geburtsdatum, Foto – all diese Daten machen Ihr Kind eindeutig identifizierbar. Jedes weitere Posting verrät noch mehr über sein Leben und seine Persönlichkeit.

- Das kann dramatische Folgen haben, wenn es Opfer eines Straftäters wird.
- Es kann unangenehme Folgen haben, wenn Ihr Kind Rechte anderer verletzt und deswegen belangt wird oder wenn es selbst Opfer von Hänseleien wird.
- Es kann aber auch sehr weitreichende Folgen haben, von denen Ihr Kind „offiziell" nie etwas erfährt, die es aber zu spüren bekommt.

Jugendliche verstehen beispielsweise oft nicht, dass ihr Freizeitverhalten Einfluss auf ihre Bewerbungschancen hat und dass potenzielle Arbeitgeber sich dafür interessieren könnten. Wer einen zuverlässigen Azubi oder jungen Angestellten sucht, möchte eine möglichst fundierte Entscheidung treffen. Viele

Unternehmer und Personaler informieren sich deswegen auch im Internet über Kandidaten, die sie für aussichtsreich halten.

Ich kenne eine Arztpraxis, die eine Ausbildungsstelle zur Medizinischen Fachangestellten zu vergeben hatte. Die beiden Kandidatinnen, deren Bewerbungen dem Praxisinhaber am interessantesten erschienen, suchte er bei Facebook. Eines der Mädchen hatte mehrere Fotos auf seiner Pinnwand, auf denen es spärlich bekleidet und deutlich alkoholisiert mit wechselnden jungen Männern zu sehen war. Die entsprechenden Kommentare von ihr selbst und ihren „Freunden" waren sprachlich und inhaltlich ziemlich niveaulos. „So eine kann ich doch auf meine Patienten nicht loslassen", sagte der Arzt und entschied sich für die andere.

Er schrieb eine freundlich-neutrale Absage („Wir haben uns für eine andere Bewerberin entschieden."). Das machen heute die meisten Arbeitgeber, damit sie nicht mit dem Antidiskriminierungsgesetz in Konflikt geraten. Deswegen erfahren die meisten Bewerber die Gründe für die Ablehnung auch nicht, so dass sie bei der nächsten Bewerbung vielleicht aus denselben Gründen chancenlos bleiben.

Es gibt Studien mit sehr unterschiedlichen Ergebnissen zu diesem Thema, aber Sie können davon ausgehen, dass mindestens die Hälfte der Personaler bzw. Arbeitgeber Soziale Netzwerke für ihre Personalbeschaffung nutzen, sei es, um dort Fachkräfte zu finden, sei es, um weitere Informationen über Bewerber einzuholen. Das muss auch nicht negativ sein: Wenn ein Personaler sieht, dass der betreffende junge Mensch auch dort niveauvoll auftritt und vielleicht sogar Themen aus seinem (angestrebten) Fachgebiet diskutiert, ist das ein Pluspunkt, der für die Einstellungsentscheidung ausschlaggebend sein kann.

Clevere Jugendliche haben deswegen zwei Facebook-Profile. Eines, auf dem sie sich unter ihrem vollen Namen seriös mit ihren Interessen und Hobbys präsentieren und das explizit für potenzielle Arbeitgeber gedacht ist. Ein zweites, das sie unter einem Spitznamen führen, auf dem sie sich mit ihrem privaten Freundeskreis vernetzen und „ganz normal" geben.

Problematisch und für Kinder und Jugendliche schwer abzuschätzen ist, dass alles, was im Netz ist, dort ein Eigenleben entwickeln und gewissermaßen „unsterblich" werden kann. Das peinliche Video Ihres Kindes bei YouTube oder das äußerst unvorteilhafte Foto bei Facebook können Sie zurückziehen bzw. verlangen, dass die Plattformbetreiber es löschen. Aber wenn andere es bereits gesehen, kopiert bzw. heruntergeladen und weiterverbreitet haben, wird es trotzdem weiter durchs Netz geistern, ohne dass Sie das verhindern können.

Wichtig

Was einmal im Netz ist, ist (potenziell) immer im Netz. Seine weitere Verbreitung kann nicht mehr kontrolliert werden. Das müssen Sie sich und Ihrem Kind klarmachen.

Bevor Ihr Kind etwas über sich ins Netz stellt, sollte es sich daher immer die Frage stellen: „Ist das etwas, was jeder andere – auch meine Eltern, meine Lehrer, meine Nachbarn, ein potenzieller Arbeitgeber und die Polizei – ohne Weiteres sehen dürfen?"

Lautet die Antwort auf diese Frage eindeutig „Ja" – dann nur zu! Aber nur dann.

Soziale Netzwerke sind keine sozialen Einrichtungen

Soziale Medien und Soziale Netzwerke sind fast immer für den Nutzer kostenlos. Kinder wundert das nicht. Erstaunlicherweise hinterfragen aber auch viele Erwachsene nicht, wie das funktionieren kann: Wie kann man ein globales Unternehmen und eine riesige IT-Infrastruktur nebst den zugehörigen Programmierleistungen und Tausenden von Angestellten mit einer Dienstleistung finanzieren, die an die Nutzer praktisch verschenkt wird?

Die Frage ist natürlich falsch gestellt, denn selbstverständlich verschenkt kein Online-Anbieter seine Dienstleistung, sondern verkauft sie für gutes Geld. Nur dass diese Dienstleistung gar nicht das Angebot einer Online-Community ist, sondern die Beschaffung von Nutzerdaten und der Verkauf des Nutzerpotenzials an andere Unternehmen.

Ein Soziales Netzwerk hat für den Nutzer nur einen Sinn, wenn er sich dort so präsentieren kann, wie er gerne gesehen werden möchte. Im persönlichen „Steckbrief“, in seinem Profil, trägt er deswegen brav seinen Namen ein, die Adresse, die Handynummer und E-Mail-Adresse, das Geburtsdatum, den Familienstand, bei Facebook sogar, mit wem man gerade liiert ist, dann gibt es noch ein schönes Porträtfoto dazu, eventuell sogar Fotos und Videos der eigenen Familie und von Freunden. Natürlich teilt er seinen „Freunden“ und oft auch anderen Community-Mitgliedern mit, welche Hobbys und Interessen er hat, und klickt bei allem, was ihn anspricht, auf den „Like“-Button.

Das ist aus Sicht der wahren Kunden von Sozialen Netzwerken, nämlich der Werbungtreibenden und der Partnerunternehmen, Gold wert: Wenn man genau weiß, wer wo wohnt und sich wofür interessiert, kann man ihm passgenaue Anzeigen und Angebote präsentieren, denen er nicht widerstehen kann. Wenn man weiß, was sehr viele Jugendliche „liken“ und nutzen, kann man Trends frühzeitig erkennen und entsprechende Leistungen und Produkte entwickeln und platzieren. Wenn man viele Nutzer dazu bringt, die eigene Seite zu „liken“, erscheint sie im Suchmaschinen-Ranking weiter oben und erzielt so mehr Klicks neuer Nutzer – insgesamt handelt es sich bei der Werbung in Online-Communities um einen Markt, der mehrere Milliarden Euro umsetzt.

Gut zu wissen

Am Ende zahlt der Nutzer des Kostenlos-Angebots eben doch, nämlich mit Informationen über sich. Das ist im Prinzip nichts Verwerfliches. Man muss es aber wissen und bei seinen Online-Aktivitäten im Hinterkopf behalten.
Und jeder Nutzer sollte sich, ungeachtet der vorgesehenen Rubriken und Eingabefelder in den Online-Steckbriefen, genau überlegen, was er von sich seinem Community-Anbieter, dessen Werbekunden und dem Rest einer breiten Öffentlichkeit bekanntgeben möchte, und was nicht.

Wie viel soll ich von mir preisgeben? Eine Gratwanderung

Werfen wir nochmals einen Blick auf die JIM-Studie 2011:

- 88 Prozent der Jugendlichen waren in Online-Communities aktiv,
- davon hatten 73 Prozent Angaben über ihre Hobbys und andere Tätigkeiten gemacht,
- 65 Prozent eigene Fotos oder Filme eingestellt,
- 40 Prozent Fotos bzw. Filme von Freunden und Familienmitgliedern,
- 46 Prozent ihre E-Mail-Adresse angegeben und
- fünf Prozent sogar ein Blog oder Tagebuch öffentlich gemacht.

Immerhin gaben 79 Prozent an, sie hätten Sicherheitseinstellungen ihrer Community genutzt, die ihre Daten vor dem Einblick Fremder schützen und sie nur ihren „Freunden" preisgeben.

Lassen wir hier nochmals die Autoren der Studie zu Wort kommen:

> *„Die zunehmende Verwendung der von den Betreibern vorgesehenen Schutzmaßnahmen ist zwar grundsätzlich erfreulich, jedoch sollte dies nicht darüber hinwegtäuschen, dass bei einem durchschnittlichen Freundeskreis von über 200 Personen dies doch die Privatheit sehr relativiert. Hier den richtigen Weg zu finden ist für Jugendliche (wie Erwachsene auch) nicht einfach. Gibt man zu wenig von sich preis, wird man nicht gefunden und kontaktiert bzw. ist für andere User (und ggf. auch im realen Leben) möglicherweise uninteressant oder man gehört nicht dazu. Offenbart man zu viel Persönliches, steigt die Gefahr des Datenmissbrauchs." (JIM-Studie 201, S. 51)*

Übrigens ist den meisten Jugendlichen durchaus klar, dass ihre Daten ausgewertet und weitergegeben werden, allerdings antworteten 20 Prozent auf die Frage, was wohl die Online-Communities mit den Daten machen, mit „weiß nicht".

Dabei könnten sie es wissen, wenn sie die Allgemeinen Geschäftsbedingungen (AGB) bzw. Nutzungsbedingungen der Sozialen Netzwerke lesen würden, in denen diese, da sie gesetzlich dazu verpflichtet sind, durchaus schreiben, welche Rechte sie sich in Bezug auf die Nutzerdaten herausnehmen. 56 Prozent der Jugendlichen gaben in der JIM-Studie 2011 aber an, dass sie die AGB gar nicht gelesen hätten, und das, obwohl sie ihnen mit der Registrierung bei der jeweiligen Community zugestimmt haben.

Zugegebenermaßen sind die AGB oft sehr lang und unübersichtlich und zudem juristisch und damit nicht unbedingt verständlich formuliert. Das erklärt vermutlich auch, warum von den 44 Prozent, die überhaupt einen Blick auf sie geworfen haben, nur 25 Prozent sie auch ganz gelesen haben. So sichern sich zwar die Online-Anbieter formal rechtlich ab, die Jugendlichen wissen aber nicht wirklich, worauf sie sich mit ihrer Registrierung einlassen (was allerdings auch für die meisten Erwachsenen gelten dürfte).

Was machen die Online-Communities denn nun mit den Daten?

Möchten Sie zum Beispiel wissen, was Facebook zum Umgang mit den Nutzerdaten schreibt? (Stand: Ende Juli 2012)

> *Wir verwenden die uns bereitgestellten Informationen über Dich im Zusammenhang mit den Dienstleistungen und Funktionen, die wir Dir und anderen Nutzern wie zum Beispiel Deinen Freunden, unseren Partnern, den Werbekunden, die Werbeanzeigen auf Facebook buchen, sowie den Entwicklern der von Dir genutzten Spiele, Anwendungen und Webseiten anbieten. Beispielsweise können wir die uns über Dich bereitgestellten Informationen wie folgt verwenden:*
>
> 1. *als Teil unserer Bemühungen, Facebook-Produkte, -Dienste und -Integrationen sicher zu gestalten;*
> 2. *Facebooks sonstige Rechte und Eigentum zu schützen,*
> 3. *um Dir Ortsfunktionen und -dienstleistungen zur Verfügung zu stellen, z. B. um Dich und Deine Freunde über Ereignisse in Eurer Nähe zu informieren;*

> *4. um die Effektivität der Werbeanzeigen, die Du siehst bzw. andere Personen sehen, zu messen und zu verstehen; dazu gehört auch, dass wir Dir relevante Werbeanzeigen bereitstellen;*
> *5. um Dir und anderen Facebook-Nutzern Vorschläge zu unterbreiten, wie etwa: vorzuschlagen, dass Dein/e FreundIn unseren Kontaktimporter verwenden soll, weil Du festgestellt hast, dass Deine Freunde diese Funktion verwendet haben; dass ein anderer Nutzer Dich als FreundIn hinzufügt, weil der Nutzer dieselbe E-Mail-Adresse importiert hat wie Du; oder dass einer Deiner Freunde Dich auf einem von ihm/ihr hochgeladenen Foto, das Dich zeigt, markiert; und*
> *6. für interne Prozesse, u. a. Fehlerbehebung, Datenanalyse, Testen, Forschung, und Leistungsverbesserung.*
> *Indem Du uns die Erlaubnis hierzu erteilst, gestattest Du uns nicht nur, Facebook in seinem heutigen Zustand zur Verfügung zu stellen, sondern Dir zukünftig auch innovative Funktionen und Dienstleistungen anzubieten, die wir unter neuartigem Einsatz der Daten, die wir über Dich erhalten, entwickeln.*

Das heißt: Ob der Nutzer es nun gelesen hat oder nicht, er hat mit seiner Registrierung bei Facebook zugestimmt, dass das Unternehmen seine Daten speichert, auswertet, für die Entwicklung weiterer Angebote und natürlich für die passgenauere Platzierung von Anzeigenwerbung verwendet. Letzteres wird weiter konkretisiert:

> *Wir möchten Dir Werbeanzeigen zeigen, die Dich interessieren und zu Dir passen. Hier einige Informationen, die dafür eventuell verwendet werden:*
> *1. Informationen, die Du über Dich selbst angegeben hast, z. B. aktueller Wohnort, Geschlecht, Alter, Beziehungsstatus, Arbeit oder Ausbildung*
> *2. Interessen, die Du in Deinem Profil (Chronik) angegeben hast, sowie Seiten und Gruppen, mit denen Du Dich verbunden hast*
> *3. Aktionen, die Du auf Facebook durchführst, z. B. von Dir besuchte Seiten oder Gruppen oder verwendete Anwendungen*
> *4. Schlüsselbegriffe aus Deinen Beiträgen und Statusmeldungen. (Hinweis: Das erfolgt über ein automatisches System. Deine Beiträge werden nicht von den Mitarbeitern von Facebook gelesen.)*

Je mehr Angaben Du in Deinem Profil (Chronik) über Deine Interessen machst, desto zutreffender werden die Facebook-Werbeanzeigen, die Du siehst. Wenn Du eine Werbeanzeige siehst, die für Dich nicht relevant ist, gehe einfach mit der Maus darüber und klicke auf das x oben rechts.
So funktioniert es: Wir haben Werbeanzeigen-Cluster eingerichtet (z. B. Sportfans, Kinobesucher etc.), die die Werbekunden als Zielgruppen für ihre Werbeanzeigen auswählen können. Ein Kino möchte beispielsweise die Zielgruppe Kinobesucher ansprechen. Du bist dann Mitglied des Kinobesucher-Clusters, wenn Du eine Reihe von Seiten im Zusammenhang mit Filmen mit „gefällt mir" markiert hast und wenn du Film in Deinen Beiträgen erwähnst.

So mancher Teenager wird das nicht weiter schlimm finden, sondern es sogar positiv sehen, wenn er keine „langweilige" Werbung zu sehen bekommt, sondern welche für Produkte, die ihn tatsächlich interessieren. Andererseits wird er dadurch leichter manipulierbar und vielleicht zu Klicks und Käufen animiert, die er sonst unterlassen hätte. Das ist auch eine Frage der persönlichen Medienkompetenz und Reife.

Ich persönlich habe bei Facebook nur sehr wenige Daten preisgegeben, bekomme aber bei jedem Besuch dort Anzeigenwerbung für Damenbekleidung, Schuhe und Diätprodukte gezeigt. Natürlich habe ich bei der Registrierung brav mein Geschlecht und mein Geburtsdatum angegeben. Weiblich und über 40 – da sind meine Interessen für Facebook und die Anzeigenkunden offenbar klar: Mode und Diäten, was sonst?

Darüber kann ich mich durchaus amüsieren, aber ich glaube nicht, dass ich das noch könnte, wenn ich mehr Informationen über meine Hobbys und Interessen eingegeben hätte und deswegen mit entsprechend zielgerichteter Werbung konfrontiert würde. Das wäre mir dann doch zu persönlich.

Datenschutz oder Post Privacy? Eine Grundsatzdebatte

Zum Teil ist es sicher eine Generationenfrage: Wer in den 80er-Jahren des letzten Jahrhunderts sozialisiert wurde, als „Big Brother" noch keine Unterhaltungssendung, sondern die düstere Zukunftsvision eines unmenschlichen Überwachungsstaates war, möchte nicht „gläsern" oder „transparent" für andere sein. Datenschutz bedeutet für unsere Generation Selbstschutz und folgt dem Grundgedanken: „Was andere nicht über mich wissen, können sie auch nicht in irgendeiner Form gegen mich verwenden. Sei es, um mich zu manipulieren oder um mich zu diskriminieren. Meine Privatsphäre soll privat bleiben."

Viele aus der Generation, die mit dem Internet aufgewachsen sind, können diese Ängste nicht nachvollziehen. Datenschutz sei ja „so was von Eighties" las ich neulich in einem Artikel, in dem es um die Piratenpartei und Post Privacy ging.

Für „Post Privacy", das sich mit „nach der Ära der Privatsphäre" übersetzen lässt, gibt es zwar (noch) keine allgemeingültige Definition. Aber im Kern geht es darum, dass die Vertreter dieser Bewegung glauben, es wäre zum einen sinnlos, die eigenen Daten schützen zu wollen, weil die geltenden Regelungen sowieso umgangen werden (können). Zum anderen meinen sie, wenn alle in der Online Community freiwillig viele Informationen über sich preisgeben, auch solche, die sie in nicht so vorteilhaftem Licht zeigen, würden alle Angriffspunkte bieten, weswegen solche Angriffe nicht mehr erfolgen würden.

Tipp

Mehr über die Gedanken und Ziele einiger typischer Vertreter der Post-Privacy-Bewegung können Sie im Blog *http://blog.spackeria.org* lesen.

Es ist ein sympathischer Gedanke, dass weniger Privatkrämerei zu mehr Toleranz führen könnte, weil wir dann alle gleich angreifbar wären. Mir persönlich erscheint er ein wenig naiv, denn am Ende sind auch im Netz doch wieder manche gleicher als andere …

Andererseits stimmt es natürlich, dass wir uns nicht auf rein rechtliche und technische Schutzmaßnahmen verlassen sollten, weil diese umgangen und ausgehebelt werden können. Wir müssen also überlegen, welche Informationen grundsätzlich so privat sind, dass sie wirklich niemanden außerhalb der Familie etwas angehen. Die gehören gar nicht ins Internet. Was dort nicht ist, kann dann auch niemand finden.

Carola Elbrecht, Projektleiterin „Verbraucherrechte in der digitalen Welt" beim verbraucherzentrale Bundesverband, hat in Sachen Privatsphäre inzwischen eine pragmatische Haltung:

> *„Facebook hat die Nutzer so in seinen Bann gezogen, dass selbst gut informierte Menschen bereit sind, mit ihren Daten für den kostenlosen Dienst zu zahlen. Man kann die Nutzer nicht vor sich selbst schützen: Wenn die alles von sich preisgeben wollen, sollen sie das tun."*

Da hat sie sicher Recht: Wer sich und sein Privatleben in vollem Bewusstsein der möglichen Folgen im Internet ausstellen und seine Daten irgendwelchen Internetplattformen zur Nutzung überlassen möchte, darf das natürlich tun. So viel Post Privacy muss sein.

Er muss dann aber damit leben, dass er das, was er heute unbedenklich, harmlos oder witzig findet, in ein paar Jahren vielleicht ganz anders bewertet. Zum Beispiel wenn der neue potenzielle Arbeitgeber, ein Konkurrenzunternehmen, die neue Freundin oder sonst eine im eigenen Leben wichtig gewordene Person bzw. Institution sich für das persönliche Vorleben interessiert.

Bei unseren Kindern ist das sowieso etwas anderes: Sie verstehen nicht, welchen Nutzen kommerzielle Anbieter aus ihren Daten ziehen können. Sie können sich irgendwelche späteren Folgen nicht vorstellen und schon gar nicht deren Wirkung einschätzen. Sie müssen zunächst einmal lernen, Werbung und PR-Texte von neutraler Information zu unterscheiden und Mischformen daraus zu erkennen. Sie müssen verstehen, welche Zwecke die Anbieter von Sozialen Netzwerken, Werbungtreibende und andere Akteure im Internet verfolgen. Sie müssen wissen, wozu ihre Daten von wem verwendet werden können. Bevor sie nicht die entsprechende Reife und Medienkompetenz erlangt haben, ist es unsere Aufgabe als Eltern, sie und ihre Daten zu schützen.

Beruhigend ist immerhin, dass Jugendliche und junge Erwachsene mehrheitlich durchaus der Meinung sind, dass Datenschutz wichtig ist. Laut der BITKOM-Studie „Soziale Netzwerke 2011" gaben nur acht Prozent der 14- bis 29-Jährigen an, es sei ihnen egal, was mit ihren persönlichen Daten geschehe. Beunruhigend ist aber, dass gleichzeitig 55 Prozent sagten, ihnen fehlten Informationen darüber, was sie zum Schutz ihrer Daten in Sozialen Netzwerken tun könnten.

Grundsätzlich muss man dazu sagen: Auf einen umfassenden Schutz der Privatsphäre im Sinne der Datenvermeidung verzichtet man bereits in dem Moment, in dem man sich bei einem Sozialen Netzwerk anmeldet. Wer der Online-Community nichts über sich preisgeben will, muss Facebook & Co. fernbleiben. Wer dort Informationen über sich einstellt, verliert immer ein Stück weit die Kontrolle über sie, auch wenn er alle vorhandenen Maßnahmen zum Schutz der Privatsphäre nutzt.

Wer aber am Mitmachinternet teilnehmen möchte, und das wollen die meisten unserer Kinder, sollte wissen: Was geheim bleiben soll, was nur engste Vertraute erfahren sollen, gehört gar nicht ins Internet. Bei den übrigen Postings sollte genau überlegt werden, wer sie zu sehen bekommen darf und wer lieber nicht. Das lässt sich über die so genannten Privatsphäre-Einstellungen in Sozialen Netzwerken festlegen.

Beraten Sie Ihr Kind bei der Anlage seines Profils in einem Sozialen Netzwerk

Hier treffen mehrere widerstreitende Interessen aufeinander:

Jedes Soziale Netzwerk will, dass seine Nutzer sehr aktiv sind und möglichst viel von sich preisgeben, weil dann erstens die Vernetzung mit anderen besser klappt, zweitens die Bindung des Nutzers an das Netzwerk stärker wird und drittens mehr von den für Werbekunden interessanten Informationen eingegeben werden. Die umstrittene Facebook-Chronik dient ebenfalls vorwiegend dazu, die Nutzer zu verlocken, ihr Profil „zu vervollständigen“ und mehr über ihr Leben „vor Facebook“ kundzutun. Und wer dann dort einmal sein ganzes Leben dokumentiert und hunderte von Freunden gesammelt hat, wird sich kaum so schnell wieder aus dem Netzwerk verabschieden …

Ein Teenager will sich in einem Sozialen Netzwerk vor allem attraktiv präsentieren, demonstrieren, wie gut vernetzt und beliebt er ist, und so seinen Status innerhalb seines jugendlichen Umfelds festigen. Dazu braucht er tolle Fotos, coole Sprüche und viele Postings zu gerade angesagten Themen. Mädchen neigen dazu, sich auf Fotos möglichst gut gestylt und durchaus auch sexy zu präsentieren, und denken nicht daran, dass sie damit auch Typen ermuntern könnten, auf deren Anmache sie im realen Leben keinerlei Wert legen. Jungs tendieren dazu, sich als supercoole Partyhechte und Aufreißer darzustellen, und bedenken nicht, dass das auf andere peinlich und abschreckend wirken kann.

Eltern wiederum wollen, dass ihre Kinder sozial nicht ausgegrenzt werden, weswegen sie die Facebook-Anmeldung erlauben. Sie wollen ihre Kinder aber auch vor dem Missbrauch ihrer Daten und vor Angriffen durch andere Netzwerkmitglieder schützen.

Deswegen sollten Sie dafür sorgen, dass Ihr Kind weder seinen vollen Namen noch die Adresse oder gar die Telefon- oder Handynummer angibt und dass es grundsätzlich vorsichtig mit Fotos und Informationen aus dem Privatleben ist. Zudem sollten Sie die Privatsphäre-Einstellungen kennen und restriktiv nutzen.

Tipp

Ihr Kind ist bei Facebook angemeldet?
Dann sollten Sie unbedingt nachsehen, was ein Fremder dort von ihm sehen und lesen kann. Wenn Sie selbst nicht bei Facebook sind, legen Sie sich zu diesem Zweck entweder ein eigenes Profil an oder nutzen das eines Freundes, der virtuell nicht mit Ihrem Kind „befreundet“ ist. Das, was Sie dort zu sehen bekommen, kann jeder andere auch sehen.

Wenn es nicht eigens anders eingegeben wurde, können bei Minderjährigen die Freunde und auch die Freunde der Freunde das komplette Profil nebst Pinnwand- bzw. Chronik-Einträgen betrachten.

Ich habe das bei der 16-jährigen Tochter einer Facebook-Freundin ausprobiert. Da ich mit der Mutter befreundet bin, konnte ich als „Freund eines Freundes" ihr komplettes Profil mit sehr privaten Angaben sehen:

- Ich habe gelesen, wann sie geboren ist, wo sie wohnt und wo sie zur Schule geht.
- Anhand der Fotos, die sie von sich eingestellt hat, könnte ich sie auf der Straße erkennen, auch wenn ich eine Fremde wäre.
- Ich kann alle 305 (!) Personen sehen, mit denen sie virtuell befreundet ist.
- Ich kann nachsehen, welche Interessen sie hat, welche Filme und welche Musik sie mag und was sie für das Wochenende plant.

Ich habe sogar unter ihren Fotos dort eines gefunden, auf dem meine Tochter abgebildet ist (die zu diesem Zeitpunkt noch nicht bei Facebook war und nichts davon wusste, dass bereits ein Bild von ihr dort zu finden war).

Was ich dort gesehen habe, kann jeder andere auch finden. Jeder Pädophile, jeder Vergewaltiger oder sonstige Kriminelle. Mit dem, was das Mädchen über sich veröffentlicht hat, ist es ein Leichtes, seinen Schulweg nachzuvollziehen oder sich als gleichaltrige Chatpartnerin mit ähnlichen Interessen auszugeben, um erst ihr Vertrauen zu gewinnen und später dann ein Treffen im wirklichen Leben zu arrangieren … Solche Dinge passieren. Zwar nicht tausendfach, aber jeder einzelne Vorfall dieser Art ist einer zu viel.

Besagtes Mädchen ist recht brav. Auf anderen, ebenso „öffentlichen" Facebook-Profilen von Jugendlichen habe ich Fotos von Partys mit offensichtlich reichlichem Alkoholkonsum gesehen, sexistische und homophobe Sprüche gelesen und Bemerkungen über den blöden Chef und die langweilige Arbeit gefunden, die der Chef besser nicht lesen sollte. Könnte er aber, denn es war ja alles zugänglich.

So erklären sich übrigens auch viele der Fälle, von denen Sie schon in der Zeitung gelesen haben, wenn nämlich Teenies via Facebook zu Partys einladen und statt der erwarteten 30 Freunde plötzlich 300 oder 1.300 auftauchen und das Elternhaus verwüsten. Die Einladung konnten nämlich keineswegs nur wie beabsichtigt die Freunde sehen, sondern auch deren Freunde – bei 300 Freunden, die jeweils auch 300 Freunde haben, ist das eine ziemlich große Gruppe von potenziellen Gästen für die „Facebook-Party“.

Das ist von Facebook auch so vorgesehen: Die Standardeinstellung für die Privatsphäre lautet nämlich „öffentlich“. Bei Erwachsenen heißt das, dass tatsächlich jeder das Profil sehen kann. Bei Minderjährigen (sofern sie ihr richtiges Geburtsdatum angeben) bedeutet das, dass „nur“ Freunde und Freunde der Freunde es sehen können, aber das sind, wie gesagt, immer noch sehr viele.

Wer nicht für alle sichtbar sein will, muss manuell einschränken, wer was zu sehen bekommt. Das ist auch nicht weiter schwierig, man muss es nur wissen – und tun.

Gut zu wissen

So macht sich Ihr Kind bei Facebook weniger sichtbar

Das Titelbild und das Profilbild bleiben (bei Nutzung der Chronik/Timeline) ebenso wie der Nutzername in jedem Fall öffentlich. Deswegen eignet sich nicht jedes „Spaßbild“ für das Titelbild.

- Das Foto für das Profilbild sollte so gewählt werden, dass nur Freunde, die den Abgebildeten auch im realen Leben kennen, ihn eindeutig erkennen können. Gut eignen sich z. B. Profil- oder Ausschnittfotos. Alternativ kann man auch eine Grafik hochladen, die nur „Eingeweihte“ sofort mit der Person in Verbindung bringen.
- Facebook verlangt die Anmeldung unter dem vollen richtigen Namen. Es ist aber problemlos möglich, einen anderen Namen anzugeben. Bei Kindern empfiehlt es sich meiner Meinung nach, ihren richtigen Vornamen einzugeben, aber den Nachnamen entweder abzukürzen oder so umzugestalten, dass ihr Kind von „Uneingeweihten“ nicht gefunden werden kann.
- Unter „Privatsphäre“ sollte die Standardeinstellung auf „Freunde“ geändert werden, damit die übrigen Seiteninhalte nur für diejenigen Personen sichtbar

sind, die als Freunde bestätigt wurden (und nicht auch für deren Freunde, oder, ab dem 18. Geburtstag, für alle 901 Mio. Facebook-Nutzer).

- Alternativ können Sie auch „Benutzerdefiniert" angeben. Das ermöglicht es, bestimmte Inhalte nur für gewisse Personengruppen sichtbar zu machen bzw. vor bestimmten Leuten (z. B. neugierigen Eltern oder Lehrern) zu verbergen.
- Unter „Funktionsweise von Verbindungen" kann Ihr Kind festlegen, wer ihm Nachrichten und Freundschaftsanfragen schicken darf und diesen Personenkreis z. B. auf „Freunde" oder „Freunde von Freunden" beschränken.
- Wichtig sind auch die Einstellungen unter „Chronik und Markierungen". Dort kann man angeben, wer in die eigene Chronik posten und vor allem, wer diese Postings sehen darf. In Kapitel 4 werden Sie über eine Abmahnung wegen eines Inhalts lesen, den ein anderer auf die Pinnwand des Abgemahnten gepostet hatte. Die Abmahnung hätte es nicht gegeben, wenn derjenige das Lesen fremder Postings beispielsweise nur den „Freunden" erlaubt hätte.
- Beim „Markieren" kann ein anderer Nutzer ein Foto bei Facebook einstellen, auf dem er beispielsweise Ihr Kind unter dessen Namen markiert. Dann erscheint das Bild automatisch auch auf der Profilseite Ihres Kindes. Das kann es verhindern, wenn es unter diesen Einstellungen angibt, dass es die Markierung zunächst prüfen und freigeben möchte, bevor das Bild in seiner Chronik erscheint.
- Unter „Anwendungen, Spiele und Webseiten" kann die Weitergabe persönlicher Informationen an diese Apps beschränkt werden.

Die Details dieser Privatsphäre-Einstellungen ändern sich häufig, weswegen es sein kann, dass Sie sie nicht mehr unter den genannten Menüpunkten finden, wenn Sie dieses Buch lesen.

Es wird diese Funktionen aber weiterhin geben, Sie müssen sich dann nur durch das entsprechende Menü klicken und sich jeweils erklären lassen, was sich dahinter verbirgt.

Facebook bietet dazu eine „Hilfe"-Funktion an, die vergleichsweise gut verständlich ist. Sie finden sie unter dem kleinen Pfeil, der das Menü zu den Konto-/Privatsphäreeinstellungen öffnet.

Regelmäßig aktualisierte Schritt-für-Schritt-Anleitungen zum Einrichten der Konto- und Privatsphäre-Einstellungen finden Sie im *stern.de*-Webmagazin „Facebook, aber sicher!"

Nicht jeder Freund ist wirklich einer und auch „Freunde" müssen nicht alles wissen

Durchschnittlich hatten die Jugendlichen, die in Sozialen Netzwerken aktiv sind, laut JIM-Studie 2011 dort 206 „Freunde", wobei es bei den Zwölf- bis 13-Jährigen „nur" 134 waren, bei den ab 18-Jährigen sogar 224. Gleichzeitig gaben 96 Prozent der Community-Nutzer an, dass sie die virtuellen Freunde auch persönlich kennen.

Freilich dürfte es sich dabei nicht um enge Freunde, sondern eher um den weiteren Bekanntenkreis handeln. Immerhin, so schreiben die Autoren der Studie, spiegelt die Community hier „weitgehend die Strukturen der realen Welt wider". Wobei man auch in der realen Welt nicht jedem Menschen jedes Detail aus dem Privatleben anvertrauen würde, mit dem man schon einmal Fußball gespielt oder im Schulbus gesessen hat.

Ich habe bei meinen Recherchen viele Profile von Jugendlichen gefunden, die 400 bis über 600 Facebook-Freunde hatten. Das ist auch eine Statusfrage: Wer so viele Freunde hat, muss wohl sehr bekannt und beliebt sein.

Es ist aber kaum möglich, hunderte von anderen Jugendlichen persönlich so gut zu kennen, dass man einschätzen kann, wie vertrauenswürdig sie sind. Bei einer so großen Anzahl von Kontakten bringt es deswegen wenig bis keinen Schutz, wenn man in den Privatsphäre-Einstellungen die Sichtbarkeit von Informationen auf „Freunde" beschränkt. Sicherer ist es jedenfalls, Freundschaftsanfragen nur an Personen zu richten bzw. von Personen zu bestätigen, die man wenigstens ein bisschen näher aus dem realen Leben kennt.

Wer dann ein „Freund" ist, kann (wenn keine andere benutzerdefinierte Einstellung vorgenommen wurde) alles sehen, was Ihr Kind postet bzw. in seinem Profil hochlädt. Er kann sich darüber lustig machen, es kommentieren, an andere weiterzeigen, -erzählen oder -geben. Er kann es nutzen, um Ihr Kind vor anderen lächerlich zu machen oder zu beschämen. Das würde ein echter Freund nicht machen. Aber nicht jeder Facebook-Freund ist ein echter Freund. Das sollte Ihr Kind wissen und bei jedem Posting im Hinterkopf haben.

Wichtig

Eltern sind nicht unbedingt „Freunde"

Sollen Eltern Freundschaftsanfragen an ihre Kinder schicken? Diese Frage ist unter Eltern sehr umstritten.

Für die Anfrage spricht, dass man dann sehen kann, was das Kind postet und sonst so auf seinem sozialen Profil treibt. So kann man Problematisches schnell erkennen und gegebenenfalls eingreifen.

Dagegen spricht, dass Eltern erstens keine „Freunde" sein sollen, sondern eben Eltern, und dass die Kinder die elterliche Kontrolle als Misstrauensbeweis sehen. Zweitens können gewiefte Netzwerk-Nutzer dann immer noch vieles machen, das ihre Eltern nicht mitbekommen, so dass die Kontrolle ohnehin nur Illusion ist. Als Nicht-Freund können Sie drittens auch leichter prüfen, was jeder andere Fremde vom Profil Ihres Kindes zu sehen bekommt.

Also: Wenn Ihr Kind Ihnen eine Freundschaftsanfrage schickt, nehmen Sie die ruhig an. Sie sollten aber gut überlegen, ob Sie ihm eine schicken und es damit eventuell in eine unangenehme Situation bringen. Lassen Sie sich lieber ab und zu zeigen, wie das Profil Ihres Kindes gerade aussieht.

Auch wer seine eigenen Daten nicht schützen will, sollte die Rechte und das Schutzbedürfnis anderer respektieren

Datenschutz ist auch ein rechtliches Thema. In Deutschland hat sich im Laufe der Zeit aus dem Grundgesetz und aus der Rechtsprechung des Bundesverfassungsgerichts das „Recht auf informationelle Selbstbestimmung" herausgebildet, das Basis für das Bundesdatenschutzgesetz und die Datenschutzgesetze der Länder ist. Dieses Recht auf informationelle Selbstbestimmung gehört zu den Allgemeinen Persönlichkeitsrechten und besagt, dass jeder selbst bestimmen darf, welche persönlichen Daten er von sich preisgibt und was andere mit den Daten machen dürfen.

Auch rechtlich gilt also: Wer „post private“ leben möchte, darf das. Solange er nichts dagegen hat, dürfen andere seine Daten sammeln, auswerten und verknüpfen und für ihre Zwecke nutzen. Die Freiheit endet aber da, wo die personenbezogenen Daten und die Privatsphäre anderer betroffen sind, die Wert auf deren Schutz legen.

Sehr umstritten ist beispielsweise der so genannte „Freundefinder“ bei Facebook. Diese Funktion ermöglicht es dem Facebook-Nutzer, herauszufinden, welche seiner Freunde auch bei Facebook sind, um diesen Freundschaftsanfragen schicken zu können. Diejenigen, die nicht bei Facebook sind, erhalten Einladungen ins Netzwerk.

Das bedeutet: Das komplette elektronische Adressbuch des Nutzers wird zu diesem Zweck importiert und die Namen und E-Mail-Adressen auch derjenigen Kontakte gespeichert, die selbst gar nicht bei Facebook sind. Deren Daten wurden also ohne ihr Wissen weitergeleitet und -verarbeitet. Wegen dieser Funktion klagte der verbraucherzentrale Bundesverband und gewann in erster Instanz. (LG Berlin, Urteil vom 06.03.2012, Az.: 16 O 551/10)

Zwar wurde der Freundefinder seitdem geändert (er heißt inzwischen „Kontaktimporter“), aber die Verbraucherschützer monieren, dass nach wie vor dem Nutzer nicht wirklich deutlich wird, dass er damit alle Daten aus seinem Adressbuch Facebook zur weiteren Nutzung zur Verfügung stellt. Das Unternehmen hat ohnehin Berufung gegen das Urteil eingelegt (über das Sie auch im Abschnitt zum Urheberrecht noch lesen werden), so dass eine endgültige juristische Klärung erst in ein paar Jahren zu erwarten ist.

Wichtig

Trotzdem sollte Ihr Kind wissen, dass es die Daten anderer nicht ohne Weiteres weitergeben darf. Die Facebook-Funktion zum Importieren der Daten aus dem elektronischen Adressbuch sollte Ihr Kind also auf keinen Fall nutzen, egal, wie oft es bei der Einrichtung seines Profils danach gefragt wird.

Ähnlich uninformiert und unbesorgt sind viele Kinder und Jugendliche, wenn es um Bilder und Filme geht, auf denen sie und/oder andere zu sehen sind. Zum allgemeinen Persönlichkeitsrecht gehört nämlich auch das Recht am eigenen Bild, das im Kunsturheberrechtsgesetz geregelt (KUG) ist. § 22 KUG lautet:

> *„Bildnisse dürfen nur mit Einwilligung des Abgebildeten verbreitet oder öffentlich zur Schau gestellt werden."*

Fotos Ihres Kindes dürfen also (normalerweise) nur dann ins Internet gestellt werden, wenn es damit einverstanden ist. Bei Minderjährigen müssen Sie als Erziehungsberechtigte das erlauben. Es gibt aber auch eine Einwilligung durch „schlüssiges Verhalten". Schlägt zum Beispiel ein Mitglied einer Jugendgruppe vor: „Kommt, wir machen ein Gruppenfoto für unsere Facebook-Seite", stimmt Ihr Kind der Veröffentlichung zu, wenn es sich mit zum Foto aufstellt – solange Sie als Erziehungsberechtigte nicht (nachträglich) widersprechen.

Gut zu wissen

Das können Sie tun, wenn unerwünscht Bilder Ihres Kindes im Internet auftauchen

Ist ein Bild Ihres Kindes auf der Pinnwand oder Website eines anderen hochgeladen worden, von dem Sie oder Ihr Kind nicht möchten, dass es dort zu sehen ist, wenden Sie sich zunächst an denjenigen, der es hochgeladen hat. Verweisen Sie auf das Recht am eigenen Bild und bitten Sie ihn, dieses zu löschen und zukünftig nachzufragen, bevor er wieder eines einstellt.

Entfernt der andere Nutzer das Bild nicht, wenden Sie sich an den Betreiber des Sozialen Netzwerks und verlangen Sie dort die Löschung. Das klappt meist ganz gut und ziemlich zügig.

Bei Facebook klicken Sie dazu auf den kleinen Pfeil neben „Startseite", dann auf „Hilfe" und anschließend auf „Besuche den Hilfebereich". Unter „Missbrauch oder Verstöße gegen die Richtlinien melden" finden Sie die konkreten Anleitungen für „Melden von Missbrauch".

Kinder stellen aber selbst auch oft Fotos und Filme ins Netz, auf denen andere zu sehen sind. Die haben dasselbe Recht am eigenen Bild, das verletzt wird, wenn sie mit der Veröffentlichung nicht einverstanden sind bzw. davon gar nichts wissen.

Ausnahmen regelt § 23 KUG:

§ 23 KUG
(1) Ohne die nach § 22 erforderliche Einwilligung dürfen verbreitet und zur Schau gestellt werden:
1. Bildnisse aus dem Bereiche der Zeitgeschichte;
2. Bilder, auf denen die Personen nur als Beiwerk neben einer Landschaft oder sonstigen Örtlichkeit erscheinen;
3. Bilder von Versammlungen, Aufzügen und ähnlichen Vorgängen, an denen die dargestellten Personen teilgenommen haben; (...)

Gut zu wissen

Macht Ihr Kind also bei einer Klassenfahrt nach Paris mit und stellt anschließend ein Bild des Eiffelturms auf seine Internet-Pinnwand, auf dem auch einige Mitschüler und die Lehrerin am Bildrand zu erkennen sind, ist das unproblematisch. Ein Porträtfoto der Lehrerin beim Restaurantbesuch ist aber nicht mehr okay.

Wer ein unerlaubt veröffentlichtes Bild von sich findet, auf dem er eindeutig zu erkennen ist, kann Unterlassung und eventuell auch Schmerzensgeld verlangen.

„Unterlassung“ heißt, dass das Bild zurückgezogen bzw. gelöscht werden muss. Schmerzensgeld käme nur dann zum Tragen, wenn das Bild dazu geeignet ist, die Person darauf lächerlich zu machen oder zu verunglimpfen. Dann ginge das Ganze schon mehr in Richtung Cyber-Mobbing, über das Sie in Kapitel 5 lesen werden.

Kapitel 4

Warum der sorglose Umgang mit fremden Inhalten teuer werden kann

Das Internet ist kein rechtsfreier Raum, auch online kann nicht jeder einfach alles gratis nehmen und für eigene Zwecke verwenden, was er möchte. Das aber ist vielen Kindern und Jugendlichen keineswegs klar. Sie sind mit der Kostenlos-Kultur im Web aufgewachsen und glauben oft, wenn etwas im Netz steht und deswegen allen zugänglich ist, dürfte es auch jeder nach Lust und Laune nutzen. Sorglos verstoßen sie deswegen gar nicht so selten gegen das Urheberrecht – und machen uns Eltern damit große Sorgen.

„Ich dachte nicht, dass das so schlimm ist …“

Das Internet ist voll interessanter Inhalte: Texte, Musik, Fotos, Filme, Programme, dort ist alles Mögliche und Unmögliche zu finden. Was einem gut gefällt, kann man meistens ganz einfach kopieren und/oder auf den eigenen Rechner herunterladen bzw. installieren. Viele Inhalte stehen auch zu genau diesem Zweck kostenlos zur Verfügung. Andere aber nicht.

Angebote, die es nur gegen Bezahlung gibt, finden viele Menschen ungerecht und denken sich nicht viel dabei, wenn sie die Bezahlung umgehen, indem sie beispielsweise einen Kopierschutz knacken oder Tauschangebote nutzen.

Achtung

Was wie ein harmloser „Sport“ aussieht, ist aber ein Verstoß gegen das Urheberrecht.

Die Folgen können teuer sein: Die Rechteinhaber können Schadensersatz verlangen, spezialisierte Anwaltskanzleien treiben satte Abmahngebühren ein, und bei gravierenden Verstößen drohen zusätzlich ein Strafprozess und Verurteilungen zu hohen Geldbußen oder sogar Gefängnisstrafen.

Kinder und Jugendliche denken oft, sie wären im Internet ja anonym unterwegs und man könnte nicht herausfinden, was sie da so treiben, aber das ist ein Irrtum. Wie Sie wissen, kann über die IP-Adresse, die jeder Rechner beim Besuch einer Internetseite versendet, ausfindig gemacht werden, welche Seiten von Ihrem Rechner aus aufgerufen und wo Daten übertragen wurden.

Fanden Urheberrechtsverletzungen statt, kann der Rechteinhaber eine richterliche Anordnung einholen, die den entsprechenden Provider dazu verpflichtet, anzugeben, welchem Rechner die fragliche IP-Adresse zum entsprechenden Zeitpunkt zugeordnet war. Und schon bekommen Sie unerfreuliche Post ins Haus …

Urheberrecht - was ist das eigentlich?

Wenn jemand einen Roman oder ein Gedicht schreibt, ein Lied komponiert, ein Bild malt oder fotografiert oder einen Film dreht, dann erbringt er eine ganz persönliche geistige Leistung und schafft damit ein einzigartiges „Werk", das sein geistiges Eigentum ist. Dieses persönliche geistige Eigentum ist nach dem Rechtsverständnis unserer Gesellschaft genauso schützenswert wie materielles Eigentum. In Deutschland regelt das Urheberrechtsgesetz (UrhG) diesen Schutz. Die wichtigsten Inhalte des Urheberrechtsgesetzes sollten Sie kennen und mit Ihrem Kind besprechen:

Ausdrücklich geschützt sind in Paragraf 2 UrhG „persönliche geistige Schöpfungen" aus den Bereichen „der Literatur, Wissenschaft und Kunst", darunter Schriftwerke, Reden und Computerprogramme, Musikstücke, Fotos, Filme sowie technische Zeichnungen, Pläne und Karten.

Der „Schöpfer" des Werkes ist der „Urheber" im Sinne des Gesetzes (§ 7 UrhG), ihm stehen die damit verbundenen Rechte zu, und er soll „angemessen" daran beteiligt werden, wenn andere Menschen sein Werk nutzen (§ 11 UrhG). Übrigens gilt das Urheberrecht auch noch fort, wenn der Schöpfer eines Werkes bereits gestorben ist, denn es kann vererbt werden und erlischt erst 70 Jahre nach dem Tod.

Um welche Rechte geht es hier?

Das ist in Paragraf 15 Urheberrechtsgesetz geregelt:

§ 15 Allgemeines
(1) Der Urheber hat das ausschließliche Recht, sein Werk in körperlicher Form zu verwerten; das Recht umfasst insbesondere
1. das Vervielfältigungsrecht (§ 16),
2. das Verbreitungsrecht (§ 17),
3. das Ausstellungsrecht (§ 18).
(2) Der Urheber hat ferner das ausschließliche Recht, sein Werk in unkörperlicher Form öffentlich wiederzugeben (Recht der öffentlichen Wiedergabe). Das Recht der öffentlichen Wiedergabe umfasst insbesondere
1. das Vortrags-, Aufführungs- und Vorführungsrecht (§ 19),
2. das Recht der öffentlichen Zugänglichmachung (§ 19a),

3. das Senderecht (§ 20),
4. das Recht der Wiedergabe durch Bild- oder Tonträger (§ 21),
5. das Recht der Wiedergabe von Funksendungen und von öffentlicher Zugänglichmachung (§ 22).
(3) Die Wiedergabe ist öffentlich, wenn sie für eine Mehrzahl von Mitgliedern der Öffentlichkeit bestimmt ist. Zur Öffentlichkeit gehört jeder, der nicht mit demjenigen, der das Werk verwertet, oder mit den anderen Personen, denen das Werk in unkörperlicher Form wahrnehmbar oder zugänglich gemacht wird, durch persönliche Beziehungen verbunden ist.

Beim Lesen der bisherigen Abschnitte und des Paragrafen 15 des Urheberrechtsgesetzes ist Ihnen wahrscheinlich schon klar geworden, dass dieses Gesetz jedes Mal ins Spiel kommt, wenn jemand einen Text, ein Programm, ein Bild, einen Film oder ein Musikstück herunterlädt bzw. kopiert oder auf CD brennt (dann handelt es sich nämlich um eine Vervielfältigung) und/oder an andere weitergibt (das ist eine Verbreitung).

Gut zu wissen

Normalerweise ist es unproblematisch, wenn Ihr Kind Texte ausdruckt, die ihm gefallen, Fotos oder Videos ansieht und sie im engeren Freundeskreis weiterreicht. Solche Privatkopien sind grundsätzlich erlaubt, und zwar analog wie digital (§ 53 UrhG).
Das gilt aber nur, solange dafür kein wirksamer technischer Kopierschutz geknackt wird und solange die Vorlage für die Kopie eine legale Quelle ist. Wenn erkennbar ist, dass schon die Vorlage illegal im Netz steht (wie bei einer Musiktauschbörse) oder dass es sich um eine Raubkopie eines Programms oder einer CD handelt, dann ist selbstverständlich auch die Privatkopie nicht erlaubt.

Hier müssen wir Erwachsene uns allerdings fragen, ob wir unseren Kindern immer als Vorbild dienen können. „Schwarze“ Kopien sind sehr verbreitet, und ich habe selbst schon erlebt, dass eine Grundschullehrerin beim Elternabend ausdrücklich dazu riet, die CD mit dem Übungsprogramm zum Mathebuch „privat" zu kopieren und untereinander weiterzugeben, weil der Neukauf mit 7,95 Euro doch so teuer sei. Die anwesenden Eltern erarbeiteten gleich einen Plan, wer für wen kopieren und an wen weitergeben sollte.

Ich war wohl die Einzige, die den regulären Kauf des Programms vorgezogen hat, und zwar nicht, weil ich mich als Oberlehrerin moralisch über die anderen erheben wollte, sondern weil mir als freiberuflich tätiger Autorin der Wert des Urheberrechts vermutlich klarer vor Augen steht als Menschen, die nicht von der Verwertung ihrer geistigen Schöpfungen leben müssen.

Das Urheberrecht ist umstritten, aber keineswegs überflüssig

Vielen Nicht-Urhebern ist vor allem die Rolle der Verwertungsgesellschaften ein Dorn im Auge. Besonders die GEMA wird in der Presse oft negativ hervorgehoben, und so mancher Vereinsvorsitzende oder Gastwirt, der vergleichsweise hohe Gebühren für das Abspielen von Musikstücken auf einem Fest zahlen soll, ist auf diese Institution nicht gut zu sprechen.

Die Piratenpartei will die GEMA gleich ganz abschaffen und alle Internet-Downloads legalisieren, wobei in Teilen der Partei an eine andere Form der Urheberbeteiligung gedacht wird, etwa durch eine „Kulturflatrate", die man so ähnlich wie die GEZ-Gebühr automatisch für jeden Internet-Anschluss zahlen muss. Die Frage der angemessenen und gerechten Vergütung für den einzelnen Urheber bleibt damit aber ungeklärt.

Eine politische Debatte möchte ich hier natürlich nicht führen, und zweifellos könnte an der Organisation und der Tarifstruktur der GEMA sowie der anderen Verwertungsgesellschaften noch einiges verbessert werden, aber grundsätzlich sind diese Einrichtungen für Urheber sehr wichtig. Künstler und Autoren beziehen kein Gehalt, sondern leben von dem, was sie mit dem Verkauf ihrer Werke verdienen.

Ihnen steht laut Gesetz „eine angemessene Vergütung" dafür zu, wenn jemand ihre Werke nutzt. Aber für den einzelnen Künstler wäre es unmöglich, von jedem einzelnen Nutzer, etwa bei jedem einzelnen Download oder bei jedem Kopiervorgang eine Gebühr zu verlangen, und für den einzelnen Nutzer wäre es genauso unmöglich, den Preis für die Nutzung jedes Songs oder Fotos mit dem jeweiligen Urheber auszuhandeln.

Verwertungsgesellschaften sammeln das Geld ein

Deswegen wurden die Verwertungsgesellschaften (VG) geschaffen, die gewissermaßen die Rechte der vielen einzelnen Urheber kollektiv vertreten, von den Werknutzern Gebühren einsammeln und sie an die Urheber ausschütten.

Gut zu wissen

Das Kürzel GEMA steht übrigens für „Gesellschaft für musikalische Aufführungs- und mechanische Vervielfältigungsrechte", sie nimmt also das Verwertungsrecht für Komponisten und Texter wahr. Autoren und Dichter lassen ihre Rechte von der VG-Wort wahrnehmen, Fotografen und bildende Künstler von der VG Bild-Kunst, Film- und Fernsehproduzenten von der VG-Film.

Die VG-Wort beispielsweise finanziert sich vor allem durch eine pauschale Kopiergeräteabgabe, die von den Herstellern der Geräte entrichtet wird, durch eine Pressespiegel-Abgabe und durch die „Bibliothekstantieme", die von den Bibliotheken als Ausleihern und Vervielfältigern von Büchern und Zeitschriften bezahlt wird. Auch für andere „Vervielfältigungsgeräte" wie Videorekorder, DVD-Aufnahmegeräte und CD-Brenner sowie für „Leermedien" wie CD-Rohlinge, DVDs, Leerkassetten usw. werden pauschale Abgaben fällig, die von den Herstellern auf die Verkaufspreise aufgeschlagen und damit letztlich vom Endkunden bezahlt werden.

Einmal im Jahr gibt es für die Urheber eine Ausschüttung der jeweiligen Verwertungsgesellschaft, und diese Summe ist für die meisten hauptberuflichen Künstler und Autoren finanziell durchaus bedeutsam. Zwar gibt es auch manche Urheber, die das Monopol der Verwertungsgesellschaften ablehnen und ihre Werke lieber komplett direkt und über das Internet vermarkten würden, aber das ist bisher eine Minderheit.

Ich möchte diese Debatte hier nicht vertiefen, aber vielleicht konnte ich bei Ihnen und Ihrem Kind ein wenig Verständnis dafür wecken, dass die Kostenlos-Kultur des Internets für Nutzer natürlich toll ist, dass aber diejenigen, die Werke schaffen, an denen sich andere erfreuen, auf eine angemessene Bezahlung angewiesen sind. Nur sehr wenige Künstler verdienen mit Live-Konzerten bzw. Buchverkäufen so viel, dass sie auf die Einnahmen aus der weiteren Verwertung ihrer Werke verzichten können. Wer sich an den Werken der Urheber erfreuen möchte, sollte mit dazu beitragen, dass diese finanziell überleben können.

Auch YouTube muss mit der GEMA kooperieren

Eine Plattform wie YouTube lädt ja nicht selbst Musikvideos und andere Filme hoch, sondern stellt nur die Infrastruktur dafür zur Verfügung. Prompt kam es zum Streit mit der GEMA, als Nutzer ohne entsprechende Lizenz urheberrechtlich geschützte Filme einstellten. Ursprünglich hatte es einen Nutzungsvertrag mit der GEMA gegeben, der aber 2009 ausgelaufen und nicht verlängert worden war. Seitdem hatte YouTube keine Gebühren mehr abgeführt, so dass die Künstler auch keine Tantiemen daraus erhielten.

Im Frühjahr 2012 urteilte das Landgericht Hamburg dann, dass die Videoplattform zukünftig dafür sorgen müsse, dass urheberrechtlich geschützte Werke ohne Lizenz für deutsche Nutzer nicht sichtbar sind (LG Hamburg, Urteil vom 20.04.2012, Az. 310 O 461/10) – wer derzeit ein solches Video aufruft, erhält den Hinweis, dass es wegen ungeklärter Urheberrechtsfragen in Deutschland „leider nicht verfügbar" ist. YouTube und die GEMA wollen nun wieder miteinander verhandeln, um doch noch zu einem neuen Nutzervertrag zu kommen.

Dieser Streit ist auch für Ihr Kind wichtig, denn viele Jugendliche sind von den „Nicht verfügbar"-Ansagen genervt und umgehen die Sperre einfach, indem sie eine Anonymisierungssoftware nutzen. Die verändert die IP-Adresse Ihres Rechners so, dass der Plattform-Server nicht mehr erkennt, dass es sich um einen Abruf aus Deutschland handelt, und schon ist das gewünschte Video sichtbar.

Allerdings ist Anonymisierungssoftware keineswegs verfolgungssicher, und wer sie zur Umgehung solche Sperren nutzt, macht damit quasi eine „Raubkopie“, weil er ja einen wirksamen technischen Kopierschutz knackt. Dafür haftet dann nicht die Plattform, sondern der Nutzer.

Wie ist das also mit den Kopien und Downloads?

In der Pubertät wird Musik für die Kids besonders wichtig, und die angesagten Hits will jeder auf seinem Handy und dem MP3-Player haben. In der JIM-Studie 2011 heißt es:

> *„Die häufigste Variante, wie Jugendliche normalerweise an neue Musiktitel kommen, ist der Tausch im Freundeskreis. Etwa zwei Drittel der Jugendlichen nutzen die Möglichkeit, MP3-Dateien von Freunden, Bekannten und Verwandten auszutauschen. (...) Knapp die Hälfte kopiert CDs von Freunden oder Bekannten oder schneidet die Titel aus dem Internet mit. Ein gutes Drittel kauft üblicherweise die MP3-Dateien online und knapp jeder Vierte zieht die Lieder über Tauschbörsen aus dem Internet.“ (S. 21)*

Dürfen die das denn?

Kopien für den eigenen Gebrauch und solche, die nur an Familienmitglieder und enge Freunde weitergegeben werden (Privatkopien), sind normalerweise kein Problem. „Normalerweise“ heißt: Es darf

- nur ein überschaubarer Nutzerkreis im privaten Rahmen profitieren – ein Weiterverkauf auf dem Schulhof oder die Weitergabe an 350 Facebook-Freunde gilt nicht mehr als „Privatkopie“,

- kein wirksamer technischer Kopierschutz geknackt bzw. umgangen und
- kein erkennbar illegales Download-Angebot genutzt werden.

Konkret heißt das für Sie und Ihr Kind:

Gut zu wissen

- Original-Musik- und Hörbuch-CDs wie auch DVDs und Videokassetten dürfen für den privaten Gebrauch kopiert werden, wenn sie nicht kopiergeschützt sind. Auch das Zusammenstellen von Titeln verschiedener CDs zu einer neuen CD ist okay, solange kein wirksamer Kopierschutz besteht. Allerdings gibt es kaum neuere CDs und DVDs, die keinen solchen Schutz haben.
- Wenn das Kopieren einer CD oder DVD auf dem heimischen Rechner ohne Weiteres möglich ist, heißt das, dass eben kein wirksamer Kopierschutz im Sinne des Gesetzes besteht. Dann dürfen Sie die Kopie erstellen und nutzen, auch wenn beispielsweise ein Hinweis „diese CD/DVD ist kopiergeschützt" aufgedruckt ist bzw. eingeblendet wird.
- Sobald aber ein spezielles Programm eingesetzt werden muss, um einen ansonsten wirksamen Kopierschutz zu „knacken", sind die Grenzen des Erlaubten überschritten.
- Auch das Weiterkopieren einer Raubkopie, die ein anderer gemacht hat, ist verboten.
- Ein Spezialfall sind übrigens Computerprogramme und -spiele: Hier gibt es so etwas wie eine zulässige Privatkopie gar nicht. Erlaubt ist nur eine Sicherungskopie, die man ausschließlich selbst verwenden und nicht weitergeben darf.

Anders als bei Downloads ist das Raubkopieren von CDs oder DVDs für die Rechteinhaber nicht leicht zu entdecken. Deswegen kommt es hier nur selten zu Gerichtsverfahren. Solange die Kopien nur für den Privatgebrauch angefertigt und nicht weiterverkauft wurden, ist das Raubkopieren auch kein Straftatbestand, sondern „nur" ein Verstoß gegen das Urheberrecht, der zivilrechtlich geahndet werden kann.

Das heißt: Der Rechteinhaber hat zum einen Anspruch „auf Unterlassung“, kann also weiteres Kopieren verbieten, und zum anderen Schadensersatz fordern. Es ist zwar wenig wahrscheinlich, dass es dazu kommt, aber das sollte keine Freigabe für wildes Kopieren sein.

Wie ist die Rechtslage bei Internet-Film- und Musik-Tauschbörsen?

Nur der Urheber des Werkes bzw. ein von ihm beauftragter Lizenzinhaber darf Musik, Filme und andere urheberrechtlich geschützte Inhalte zum Download anbieten. Natürlich darf Ihr Kind eine Eigenkomposition auf der Gitarre spielen und aufnehmen oder mit Freunden einen Film drehen und diesen ins Internet stellen, damit andere sich diese Werke ansehen und herunterladen können. Auch wenn Ihr Kind Werke herunterlädt, die von den Urhebern oder Rechteinhabern ausdrücklich zu diesem Zweck online gestellt wurden, ist das völlig in Ordnung.

Die meisten Tauschbörsen haben aber kein Interesse an Eigenkompositionen Ihres Kindes. Sie wollen die aktuell angesagten Filme und Musiktitel anbieten und funktionieren dabei nach dem Gegenseitigkeitsprinzip: Nutzer können Musik und Filme nur dann herunterladen, wenn sie im Gegenzug welche aus ihrem Bestand hochladen und damit anderen Nutzern zur Verfügung stellen.

Bei diesem so genannten Peer-to-peer-Filesharing ist die Rechtslage eindeutig: Diese Tauschbörsen sind illegal. Der Upload von Musiktiteln oder Filmen und Bildern anderer Urheber ohne Lizenz ist gesetzlich verboten. Das gilt auch für den Download, wenn offensichtlich ist, dass die Musikstücke/Filme aus illegalen Quellen stammen.

Dabei kann sich auch niemand darauf berufen, er sei nur versehentlich in der Tauschbörse gelandet und hätte unwissentlich etwas heruntergeladen, denn Downloads gibt es nur gegen Uploads, und zum Upload muss man ein spezielles Programm installieren – niemand wird Ihrem Kind glauben, dass es das getan hat, ohne es zu merken. Das Argument „Ich wusste ja nicht, dass das so schlimm ist" wird ihm auch nicht helfen, denn dann sind eben Sie als Eltern wegen Verletzung Ihrer Aufklärungs- und Kontrollpflichten dran.

Achtung

Wenn Ihr Kind sich in solchen Tauschbörsen betätigt, begeht es kein „Kavaliersdelikt", sondern bewegt sich im strafrechtlich relevanten Bereich, wo neben Schadensersatzforderungen der Rechteinhaber auch ein Strafverfahren droht.

§ 106 UrhG: Unerlaubte Verwertung urheberrechtlich geschützter Werke
(1) Wer in anderen als den gesetzlich zugelassenen Fällen ohne Einwilligung des Berechtigten ein Werk oder eine Bearbeitung oder Umgestaltung eines Werkes vervielfältigt, verbreitet oder öffentlich wiedergibt, wird mit Freiheitsstrafe bis zu drei Jahren oder mit Geldstrafe bestraft.
(2) Der Versuch ist strafbar.

Zwar wird bei jugendlichen Delinquenten, die Lieder und Filme in geringem Umfang und „nur" zum privaten Gebrauch getauscht haben, in aller Regel das Strafverfahren eingestellt, aber darauf verlassen sollten Sie sich nicht.

Manche Jugendliche hamstern zudem riesige Mengen von Werken; ein Jugendsachbeamter der Polizei, mit dem ich im Rahmen meiner Recherchen gesprochen habe, erzählte mir von einem Fall, in dem ein Teenager über 30.000 Musiktitel illegal auf seinem Rechner gespeichert hatte! Bei diesem riesigen Umfang kann es schon zum Strafprozess kommen, erst recht, wenn Ihr Sprössling sein Riesenarchiv im Bekanntenkreis weitervermarktet hat. Und zu einer eventuell zu zahlenden Geldstrafe aus dem Strafverfahren kommen ja noch die zivilrechtlichen Schadensersatzforderungen nebst Abmahnkosten.

Bereits die Verlinkung auf eine Tauschbörse kann viel Geld kosten. So entschied der Bundesgerichtshof, dass ein Jugendlicher (der noch nicht volljährig war!) von den Rechteinhabern zu Recht auf Schadensersatz von 7.000 Euro und Abmahnkosten von rund 2.000 Euro verklagt worden war, weil er von seiner eigenen Website einen Link auf eine illegale Tauschbörse gesetzt hatte (BGH, Beschluss des I. Zivilsenats vom 03.02.2011, Az. I ZA 17/10).

Übrigens werden über illegale Tauschbörsen nicht nur Filme und Musik, sondern oft auch Viren, Trojaner und andere Schadsoftware verbreitet – das ist ein weiterer Grund, sie zu meiden.

Achtung

Die wichtigste Regel im Umgang mit Peer-to-peer-Tauschbörsen lautet „Finger weg!" Denn, und das sollten Sie mit Ihrem Kind ausdrücklich besprechen:

- Der Up- und Download von Musik, Bildern und Filmen ist nur dann legal, wenn der Anbieter die Rechte an den Werken hält.
- Wer offensichtlich rechtswidrig im Internet angebotene Inhalte herunterlädt, kann sich nicht auf die Zulässigkeit von Privatkopien berufen.
- Peer-to-peer-Tauschbörsen sind illegal, denn deren Nutzer sind eben keine Rechteinhaber.
- Der Upload urheberrechtlich geschützter Werke ist kein Kavaliersdelikt, sondern eine Straftat, für die man sogar ins Gefängnis kommen kann.
- Die Wahrscheinlichkeit, bei illegalen Up- und Downloads erwischt zu werden, ist relativ hoch.

Es gibt genügend legale Angebote, die Ihr Kind nutzen kann. Zum einen stellen Künstler und Verlage bzw. Plattenfirmen manchmal selbst Musikstücke oder andere Werke kostenlos ins Internet, weil sie sich davon eine Werbewirkung versprechen. Das steht normalerweise ausdrücklich dabei, und dann ist der Download natürlich erlaubt.

Zum anderen gibt es zahlreiche legale Download-Anbieter, deren Preise durchaus taschengeldgerecht sind.

Gut zu wissen

Beispiele für legale Musik-Downloads

Dazu gehören neben den bekannten Apple-iTunes Angebote wie

- *www.musicload.de*: Hier können Musiksingles, Alben, Hörbücher und Musikvideos zu Preisen ab 1,29 Euro das Stück heruntergeladen werden. Das Angebot eignet sich sehr gut für „Gelegenheitskäufer", die nicht gleich ein Abo für zigfache Downloads brauchen.
- *www.napster.de*: Sieben Tage lang kann man den Zugriff auf 15 Millionen Songs kostenlos testen, danach kann man sich für ein Flatrate-Paket zum Streamen (also live aus dem Netz anhören) für 7,95 Euro oder für eines inklusive klassischem Download auf den eigenen Rechner für 12,95 Euro entscheiden. Die Laufdauer der Flatrates kann man bei der Anmeldung festlegen, muss sie dann aber fristgerecht kündigen, wenn man keine Verlängerung wünscht.
- *www.simfy.de*: Auch hier gibt es Zugriff auf eine Unmenge Songs (16 Millionen im April 2012) und nach einer kostenlosen Testphase von 30 Tagen zwei Flatrates zur Wahl: Das reine Streaming-Angebot kostet 4,99 Euro, das mit Download und Offline-Modus 9,99 Euro. Sehr kundenfreundlich ist auch, dass man die Flatrates jederzeit binnen 30 Tagen kündigen kann, da bei anderen Flatrate-Anbietern oft Mindestlaufzeiten bzw. Kündigungsfristen von sechs Monaten gelten.
- *www.spotify.de*: Das schwedische Unternehmen bietet ebenfalls mehrere Millionen Titel aus der „Cloud" (also zum Streamen), wobei die Nutzer die Wahl haben, sich für ein kostenloses Abo zu entscheiden, das durch Werbung finanziert wird, oder für ein kostenpflichtiges, dafür aber werbefreies Abo (ab 4,99 Euro monatlich). Beim Kostenlos-Abo wird die Spielzeit nach sechs Monaten auf zehn Stunden monatlich begrenzt.

Streaming ist – wahrscheinlich – kein Schlupfloch

Interessant in diesem Zusammenhang ist die Frage, ob auch lizenzfreie Angebote strafbar sind, bei denen Filme oder Musikstücke nicht heruntergeladen und auf dem eigenen Rechner gespeichert, sondern nur per Streaming, also über eine direkte Internet-Datenübertragung, gehört oder angesehen werden.

Schlagzeilen machte beispielsweise der Fall der Streaming-Plattform kino.to, die nach eigenen Angaben täglich von mehreren Millionen Besuchern genutzt wurde. Lizenzen für das Online-Angebot der Filme hatten die Betreiber freilich nicht eingeholt. Sie verdienten ohne lästige Lizenzgebühren Millionen mit Werbeeinnahmen und kostenpflichtigen werbefreien „Premium-Accounts". In einer europaweiten Aktion wurden 2011 die Betreiber verhaftet und in der Folge zu mehrjährigen Haftstrafen verurteilt.

Noch offen ist das Schicksal der Premium-Kunden, deren Daten der Staatsanwaltschaft bekannt sind, weil ihre PayPal-Konten, mit denen sie den Dienst bezahlt hatten, ermittelt werden konnten. Unter Juristen ist umstritten, ob das Anschauen eines Streams als Urheberrechtsverletzung zu werten ist, weil es ganz genau genommen dabei ja nur eine sehr kurzfristige Speicherung gibt. Der mit dem kino.to-Fall betreute Leipziger Amtsrichter ist aber der Meinung, dass auch ein nur vorübergehendes Herunterladen wie beim Streaming eine „Vervielfältigung" im Sinne des Urheberrechts ist.

Bis zu einem höchstrichterlichen Urteil bzw. einer Gesetzesänderung bleibt die Rechtslage hier also unklar. Jedenfalls sollte Ihr Kind nicht darauf vertrauen, dass ihm beim Nutzen von illegalen Streaming-Plattformen rechtlich nichts passieren kann. Und hochladen sollte es dort erst recht nichts.

Achtung: Es geht nicht nur um Musik und Filme

Sie erinnern sich: Das Urheberrecht schützt jede „persönliche geistige Schöpfung". Sie selbst denken dabei vielleicht auch zuerst an Musik und Filme, aber oft genug sind auch andere Werke bzw. deren unberechtigte Nutzer von Abmahnungen betroffen:

Fotos

Wer z. B. bei Ebay einen Artikel verkaufen will, braucht auch ein Bild dazu. Viele Verkäufer nehmen dann einfach eines aus einem Katalog des Herstellers, denn darauf sieht man den Artikel besonders gut dargestellt. Das Katalogfoto ist aber eine urheberrechtlich geschützte Leistung des Fotografen und darf ohne seine Erlaubnis bzw. ohne die Erlaubnis desjenigen, dem er die Verwertungsrechte übertragen hat, nicht verwendet werden.

(Land-)Karten

Wer auf seiner Website einen Lageplan oder eine Anfahrtsskizze zu seinem Standort zeigen will, darf dazu nicht einfach eine Land- bzw. Straßenkarte einscannen und hochladen, denn auch diese ist geschützt.

Texte

Zeitungen und Zeitschriften haben oft frei zugängliche Online-Ausgaben im Netz. Die Artikel darin dürfen Sie lesen und, wenn es entsprechende Funktionen dazu gibt, auch an andere Nutzer „weiterempfehlen" oder „liken".

Sie dürfen sie aber nicht (auch nicht teilweise) einfach kopieren und in Ihr Blog oder Ihre Website einbauen. Höchstens kurze Zitate (zwei bis drei Sätze) sind erlaubt, und auch dann nur mit klarer Quellenangabe, also Nennung von Autor und Fundort.

Urheberrechtlich geschützte Fotos und Filme finden sich übrigens sehr oft auch in Facebook-Profilen. Jugendliche laden dort beispielsweise Bilder ihrer Lieblingsstars hoch, Comics, die sie witzig finden oder Filme, die sie bei YouTube gefunden haben. Auch wenn die Rechteinhaber die Filme höchstpersönlich bei YouTube eingestellt haben und das Angebot dort völlig legal ist, darf man sie dort aber nur ansehen und nicht selbst auf einer anderen Website einstellen, denn das wäre wiederum eine unerlaubte Verbreitung.

Selbst wenn andere Nutzer auf die Facebook-Pinnwand bzw. in die Chronik eines „Freundes" Fotos laden, kann das für den Freund problematisch werden. Es gab bereits eine Abmahnung wegen eines von einem Dritten auf die Facebook-Pinnwand geposteten Bildes.

Tipp

Ihr Kind sollte also regelmäßig kontrollieren, was andere auf seine Seiten stellen und Fragwürdiges lieber löschen statt es zu kommentieren und damit sozusagen seine Einwilligung zur widerrechtlichen Nutzung der geschützten Inhalte zu geben.

So ist die Rechtslage: Eltern haften für die Internetaktivitäten ihrer Kinder!

Grundsätzlich gilt auch bei Internetaktivitäten: „Eltern haften für ihre Kinder." Sie können sich also nicht beruhigt zurücklehnen, nur weil Sie selbst keine Rechtsverletzung begangen haben und begehen. Sondern Sie sind vor dem Gesetz dafür verantwortlich, Ihre Kinder über die Rechtslage aufzuklären und zu beaufsichtigen.

Gut zu wissen

Kinder bis zum 7. Geburtstag sind nicht deliktsfähig, haften also nicht, egal, was sie im Internet anstellen. Hier haften die Eltern. Sie müssen also die Internetaktivitäten Ihrer Kleinen überwachen und Rechtsverletzungen verhindern.
Sieben- bis 17-Jährige gelten rechtlich als „beschränkt deliktsfähig", bei ihnen kommt es auf ihre Reife und Entwicklung an. Bei den meisten unter Zwölfjährigen wird es mit den Rechtskenntnissen und der Einsichtsfähigkeit noch nicht so weit

her sein – da sind ebenfalls Ihre Aufsicht und Kontrolle gefragt. Hat beispielsweise Ihr Achtjähriger illegal Musikstücke heruntergeladen oder online gestellt, können Sie sich also nicht darauf berufen, Sie hätten ihm erklärt, dass man das nicht darf, und ansonsten blind auf seine Folgsamkeit vertraut.

Bei einer 16-Jährigen mag das wieder anders aussehen. Jugendliche sollten mehr Wissen und Einsichtsfähigkeit haben, außerdem werden Sie sie nicht lückenlos überwachen können (und wollen), und das wird man in der Regel auch nicht von Ihnen erwarten.

Jugendliche, die bewusst Rechtsverletzungen begehen, können selbst dafür haftbar gemacht werden. Normal entwickelte 18-Jährige gelten ohnehin als voll deliktsfähig. Da es hier aber in der Regel um Geldstrafen bzw. Schadensersatzforderungen geht, zahlen am Ende doch meistens die Eltern, auch wenn sie nicht die juristisch Schuldigen sind.

Unabhängig von Alter und Reifegrad Ihres Kindes haften Sie ohnehin mit, wenn Sie selbst Nutzen aus Rechtsverletzungen ziehen, etwa illegal heruntergeladene Filme mit Ihren Kindern ansehen oder sich von ihnen eine CD mit illegal erworbenen Musikstücken brennen lassen.

Wie weit gehen Ihre Aufsichts- und Kontrollpflichten, und was ist, wenn Sie diese verletzen?

Wie intensiv und mit welchen Methoden Sie die Internetaktivitäten Ihres Kindes kontrollieren müssen, ist allerdings juristisch nicht eindeutig geklärt bzw. gibt es dazu recht unterschiedliche Urteile.

So entschied das Oberlandesgericht Frankfurt 2007 zugunsten eines Familienvaters, von dessen Rechner fast 300 Musikdateien illegal heruntergeladen worden waren. Zwar konnte aufgrund der IP-Adresse eindeutig nachgewiesen werden, dass es sich um seinen PC handelte, aber der Mann gab an, er habe nichts heruntergeladen, und seine Frau und die vier Kinder im Alter zwischen

17 und 31 Jahren seien es auch nicht gewesen. Die Richter fanden es zwar „naheliegend, dass die Urheberrechtsverletzung durch eines seiner Familienmitglieder begangen worden sei", dafür habe der Vater aber nicht einzustehen.

Begründung: Inhaber eines Internetanschlusses, zu dem auch andere Personen Zugang haben, müssten nur dann die anderen Nutzer instruieren und überwachen, wenn es konkrete Anhaltspunkte dafür gebe, dass sie Rechtsverletzungen begehen. Das sei aber im vorliegenden Fall nicht so gewesen. (OLG Frankfurt am Main, Beschluss vom 20.12.2007, Az. 11 W 58/07)

Ganz anders sahen die Kollegen vom Oberlandesgericht Köln einen vergleichbaren Fall: Sie urteilten 2009, dass eine Frau fast 2.400 Euro Abmahnkosten plus Zinsen an verschiedene Plattenfirmen zu zahlen habe, weil von ihrem Anschluss aus fast 1.000 Musiktitel in eine Tauschbörse hochgeladen worden waren.

Die Frau argumentierte, dass sie das nicht gewesen sei und sowohl ihr Mann als auch ihre Söhne im Alter von damals zehn und 13 Jahren Zugang zu Rechner und Internet gehabt hatten. Die Richter zeigten sich unbeeindruckt: Die Frau habe nicht deutlich machen können, dass sie ihren „elterlichen Kontrollpflichten" nachgekommen sei oder Sicherungsmaßnahmen wie die Einrichtung von Benutzerkonten mit beschränkten Rechten ergriffen habe. Es genüge nicht, nur ein Verbot von illegalen Up- und Downloads auszusprechen, wenn das Verbot nicht überwacht werde. (OLG Köln, Urteil vom 23.12.2009, Az. 6 U 101/09)

Pech hatte auch ein Ehepaar, dessen 13-jähriger Sohn rund 1.150 Musiktitel in einer Tauschbörse hochgeladen hatte. Im Auftrag von vier Plattenfirmen, welche die Rechte an 15 der betreffenden Titel haben, wurde das Paar auf Schadensersatz in Höhe von 3.000 Euro (das sind 200 Euro pro Titel!) und eine Abmahngebühr von rund 2.000 Euro verklagt. Die Eltern wandten zwar ein, sie hätten ihrem Sohn Up- und Downloads verboten und auch in den Benutzereinstellungen festgelegt, dass die Installation von weiteren Programmen nicht erlaubt sei.

Das genügte den Richtern aber nicht: Sie fanden, die Eltern hätten auch regelmäßig kontrollieren müssen, ob der Sohn sich nicht über das Verbot hinweggesetzt, die Benutzereinstellungen umgangen und eine Software zum Upload installiert hätte. Weil sie das nicht getan hatten, hätten sie ihre Aufsichtspflicht gegenüber dem 13-Jährigen verletzt und mussten letztendlich die 5.000 Euro zuzüglich der bis zur Urteilsverkündung aufgelaufenen Zinsen zahlen. (OLG Köln, Urteil vom 23.03.2012, Az. 6 U 67/11)

Noch teurer wäre es in Düsseldorf geworden. Das Landgericht Düsseldorf hat nämlich mehrfach bestätigt, dass bei verbotenem Filesharing ein Schadensersatz von 300 Euro pro Musikstück durchaus angemessen sei. (LG Düsseldorf, Urteil vom 09.02.2011, Az. 12 O 68/10)

Der verbraucherzentrale Bundesverband vzbv setzt sich zwar inzwischen dafür ein, dass bei einer rein privaten Nutzung urheberrechtlich geschützter Inhalte die Abmahngebühr auf höchstens 100 Euro beschränkt werden soll, aber das ist noch Zukunftsmusik – und bei entsprechenden Aktivitäten im größeren Stil wird diese Beschränkung vermutlich auch nicht greifen.

„Hilfe, ich habe eine Abmahnung wegen eines Downloads bekommen – was kann ich jetzt tun?"

Sie haben an den Urteilen und den Summen, um die es dort ging, schon gesehen, dass Verstöße gegen das Urheberrecht teuer werden können. Das Gesetz sieht grundsätzlich mehrere Ansprüche vor, die dem Rechteinhaber zustehen: Zum einen gibt es einen Anspruch auf Unterlassung (§ 97 Abs. 1), unrechtmäßige Angebote müssen also zurückgezogen bzw. Downloads gestoppt werden. Zum anderen besteht ein Anspruch auf Schadensersatz (§ 97 Abs. 2), dessen Höhe freilich nicht eindeutig geregelt ist, weswegen darüber häufig vor Gericht gestritten wird.

Insgesamt geht es aber um ganz schön viel Geld. Spezialisierte Anwaltskanzleien haben deswegen das Internet und die dort zu findenden Urheberrechtsverletzungen als lukrative Nische entdeckt. Sie durchforsten zum Teil ohne konkreten Auftrag einer Plattenfirma oder eines anderen Rechteinhabers das Internet nach entsprechenden Verstößen und versenden aus eigenem Antrieb Abmahnungen.

Das dürfen sie, weil sie Schadensersatz für die Rechteinhaber fordern, der diesen schließlich zusteht. Lukrativ ist es für die Kanzleien deswegen, weil sie die Gebühren für die Abmahnung als solche einstreichen. Der illegale Download eines einzigen Liedes kann den Übeltäter so beispielsweise 400 Euro kosten, von denen 150 Euro an den Rechteinhaber weitergeleitet und 250 Euro als Abmahngebühr einkassiert werden.

Ignorieren sollten Sie eine solche Abmahnung nicht, denn wenn sie zu Recht erfolgt ist, riskieren Sie eine einstweilige Verfügung, und die ist sehr teuer, weil dann automatisch von einem höheren Streitwert ausgegangen wird.

Andererseits gibt es in diesem Bereich auch viele unseriöse Trittbrettfahrer, die unrechtmäßige Abmahnungen verschicken und darauf hoffen, dass die eingeschüchterten Empfänger aus Angst vor weiteren Rechtsfolgen schon zahlen werden.

Interview mit Johannes Meibers, auf Urheberrecht spezialisierter Anwalt in Münster und Oldenburg

Wie häufig sind Ihrer Erfahrung nach Fälle, in denen Minderjährige das Urheberrecht verletzen und ihre Eltern dafür Abmahnungen erhalten?

Sehr häufig. Es gibt aber auch eine Menge beratungsresistenter Erwachsener, die an Tauschbörsen teilnehmen, obwohl die Thematik inzwischen vielfach in den Medien aufgegriffen wurde. Für 2011 gehen wir von insgesamt etwa 500.000 Abmahnungen im Bereich Urheberrecht in Deutschland aus, von denen die größte Kanzlei allein 150.000 verschickt hat. In unserer Kanzlei vertreten wir jeden Monat rund 150 Mandanten, die eine Abmahnung wegen Filesharing von Musik und Videos erhalten haben.

Kinder und Jugendliche meinen oft, dass das, was sie im Internet tun, unbemerkt bleibt. Wie hoch ist denn das Risiko, bei illegalen Downloads oder anderen Urheberrechtsverletzungen überhaupt erwischt zu werden?

Diese Gefahr ist groß, weil das Netz hier sehr engmaschig ist. Die Ermittlungssoftware ist inzwischen ziemlich ausgereift, und die Industrien, die dahinter stehen – die

Musik-, Film- und Computerspielbranche – sind sehr potent. Aber auch die großen Fotoagenturen durchkämmen das Netz systematisch nach den Bildern, an denen sie die Rechte haben. Und nicht zuletzt gibt es inzwischen einige spezialisierte Anwaltskanzleien, die mit automatisierten Verfahren arbeiten und gutes Geld mit den Abmahnungen verdienen. Nicht nur die Downloads sind ein Massengeschäft – die Abmahnungen sind es auch!

Um welche Summen geht es hier? In einem Spiegel-Artikel wurde ein Rechtsanwalt zitiert, der meinte, auf der Facebook-Seite eines durchschnittlichen Jugendlichen wären Rechtsverletzungen im Wert von 10.000 Euro zu sehen. Ist das realistisch?

Ein Streitwert von 10.000 Euro ist durchaus realistisch, denn schon ein einziges Bild kann einen Streitwert von 6.000 Euro haben. Facebook steht inzwischen übrigens stark unter Beobachtung von abmahnenden Kanzleien, und zwar nicht nur wegen Urheberrechtsverletzungen. Es gab auch schon Abmahnungen wegen Postings, die wahrheitswidrig Negatives über Unternehmen und Marken behauptet haben. Das kann ich sogar verstehen, denn eine böse Behauptung oder ein Gerücht kann sich über Facebook sehr schnell und weit verbreiten und so ein Markenimage beschädigen.

Bedeutet ein Streitwert von 10.000 Euro, dass man bei einer Abmahnung 10.000 Euro zahlen muss?

Nein, aber die Rechtsanwaltsgebühren bemessen sich danach. Besagtes Bild mit einem Streitwert von 6.000 Euro kostet beispielsweise 650 Euro an Gebühren, und dazu kommt noch der Schadensersatz, der 150 oder 200 Euro betragen kann.

Was sollten Eltern tun, wenn eine Abmahnung ins Haus flattert? Was nicht?

Grundsätzlich sollten Sie erst mal nichts unterschreiben und auch nichts zahlen, denn beides wäre ein Schuldanerkenntnis. Sie sollten sich aber sofort an eine Verbraucherzentrale oder, noch besser, an einen spezialisierten Anwalt, wenden. Wichtig ist, dass Sie das innerhalb der in der Abmahnung genannten Fristen tun. Gelegentlich lassen Eltern auch ihre Kinder in unserer Kanzlei anrufen. Ob dies aus pädagogischer Sicht sinnvoll ist, müssen Eltern jedoch selbst entscheiden.

Und was kann der Anwalt dann erreichen?

Das kommt darauf an. Wir hatten Fälle, in denen wir beweisen konnten, dass im abgemahnten Haushalt kein Download stattgefunden haben kann. Dann ist die

Sache natürlich erledigt. In anderen Fällen widersprechen wir der Abmahnung und lassen es auf eine Klage ankommen. Tatsächlich kommt es nur in ca. zwei Prozent aller Fälle zu einer Klageerhebung. Und manchmal einigen sich unsere Mandanten auf einen Vergleich und zahlen, damit die Sache aus der Welt geschafft ist.

Dann könnten sie ja auch gleich zahlen?

Im Abmahnschreiben wird normalerweise tatsächlich eine Vergleichszahlung angeboten, die je nach Umfang der abgemahnten Rechtsverletzungen zwischen 350 und 5.000 Euro liegt. Wir haben bis jetzt immer eine Summe aushandeln können, die bei höchstens 60 oder 70 Prozent der ursprünglich verlangten lag. Man muss aber je nach Einzelfall abwägen, ob man zahlt oder es auf eine Klage ankommen lässt.

Es gibt auch Fake-Abmahnungen, bei denen Internet-Betrüger versuchen, zu Unrecht abzukassieren. Woran erkenne ich, wann eine Abmahnung echt ist?

Ja, Fake-Abmahnungen gibt es häufig. Meist erkennen Sie sie an einem ungewöhnlichen Zahlungsweg, etwa einem Auslandskonto oder einer Abwicklung über Western Union. Wenn Sie sich nicht sicher sind, ob die Abmahnung echt ist, können Sie auch nachsehen, wo der Sitz der Kanzlei ist und bei der zuständigen Rechtsanwaltskammer nachfragen, ob es diese Kanzlei dort überhaupt gibt. Falls nicht, können Sie die Fake-Abmahnung getrost ignorieren.

Welchen Rat geben Sie Eltern mit internetaktiven Sprösslingen, um Ärger mit Abmahnungen zu vermeiden?

Sie sollten Ihre Kinder unbedingt über Urheberrechte und die damit verbundenen Probleme im Internet informieren und sie dafür sensibilisieren, dass Filesharing erstens ziemlich sicher entdeckt wird und zweitens teuer werden kann. Zusätzlich sollten Sie einen IT-Fachmann damit beauftragen, Ihren Router so einzustellen, dass Tauschbörsen nicht genutzt werden können.

Das ist auch ein rechtlicher Schutz für Sie als Eltern, weil Sie damit nachweisen können, dass Sie aktiv Sicherungsmaßnahmen ergriffen und Ihre Aufsichts- und Kontrollpflicht nicht verletzt haben.

Facebook räumt sich selbst eine Lizenz für alle Inhalte seiner Nutzer ein

Nachdem Sie die bisherigen Ausführungen zum Urheberrecht gelesen haben, werden Sie den Umgang des weltweit größten Sozialen Netzwerks mit den von seinen Nutzern geschaffenen Inhalten vielleicht auch so eigenartig finden wie ich: In den Facebook-AGB heißt es nämlich zuerst im Punkt „Der Austausch deiner Inhalte und Informationen“:

> *Du bist Eigentümer aller Inhalte und Informationen, die du auf Facebook postest. Zudem kannst du mithilfe deiner Privatsphäre- und Anwendungseinstellungen kontrollieren, wie diese Informationen ausgetauscht werden.*

Natürlich bin ich Eigentümer (nämlich Urheber) aller Inhalte, die ich selbst erstellt habe. Gut, dass Facebook das weiß.

Aber dann geht es weiter:

> *1. Für Inhalte wie Fotos und Videos („IP-Inhalte“), die unter die Rechte an geistigem Eigentum fallen, erteilst du uns durch deine Privatsphäre- und Anwendungseinstellungen die folgende Erlaubnis: Du gibst uns eine nicht-exklusive, übertragbare, unterlizenzierbare, gebührenfreie, weltweite Lizenz für die Nutzung jeglicher IP-Inhalte, die du auf oder im Zusammenhang mit Facebook postest („IP-Lizenz“). Diese IP-Lizenz endet, wenn du deine IP-Inhalte oder dein Konto löschst, außer deine Inhalte wurden mit anderen Nutzern geteilt und diese haben die Inhalte nicht gelöscht.*
> *2. Wenn du IP-Inhalte löschst, werden sie auf eine Weise entfernt, die dem Leeren des Papierkorbs auf einem Computer gleichkommt. Allerdings sollte dir bewusst sein, dass entfernte Inhalte für eine angemessene Zeitspanne in Sicherheitskopien fortbestehen (für andere jedoch nicht zugänglich sind).*

„IP“ steht in diesem Fall für „Intellectual Property“, also geistiges Eigentum. Das heißt: Wer den AGB zugestimmt hat – und das muss jeder bei der Registrierung, – hat Facebook automatisch das so genannte „einfache Nutzungsrecht“ an allen von ihm selbst geschaffenen Inhalten übertragen, die er dort einstellt. Fotos, Texte, Filme, Logos, Grafiken, sie alle dürfen von der Social-Media-Plattform beliebig genutzt werden, und das natürlich ohne angemessenes Entgelt für den Urheber.

Diese Klausel war Gegenstand einer Klage des verbraucherzentrale Bundesverbands gegen Facebook (der andere Teil bezog sich auf den „Freundefinder“, über den Sie im vorigen Kapitel schon gelesen haben).

In der ersten Instanz haben die Verbraucherschützer sich voll durchgesetzt: Das Landgericht Berlin urteilte, die Klausel sei in dieser allgemeinen Form nicht haltbar, sondern Facebook müsse vorab jeweils die Zustimmung der Nutzer einholen, wenn es deren geistiges Eigentum für eigene oder fremde Zwecke verwenden wolle. (LG Berlin, Urteil vom 06.03.2012, Az.: 16 O 551/10).

Allerdings ist das Urteil noch nicht rechtskräftig. Facebook hat Berufung eingelegt, und bis zu einer endgültigen Entscheidung können noch zwei oder drei Jahre vergehen.

„Was soll Facebook schon mit den Fotos von meiner Klassenfete machen?“ wird sich mancher Jugendliche fragen. Genau das ist das Problem: „So weitreichend, wie die Klausel derzeit gefasst ist, können die alles damit machen, die Inhalte sogar außerhalb der Plattform verwenden“, erklärt Carola Elbrecht, die als Projektleiterin für „Verbraucherrechte in der digitalen Welt“ beim verbraucherzentrale Bundesverband tätig ist, „aber bevor ein letztinstanzliches Urteil vorliegt, können wir sie nicht festnageln.“

Zum Beispiel könnte das Foto mit den gut erkennbaren Alkoholprodukten in einer Anzeige des Herstellers eingesetzt oder das Posting über die nette Gaststätte an diese als Gästebuch-Eintrag verkauft werden. Offensichtlich hat das Unternehmen entsprechende Ideen, sonst würde es sich das Nutzungsrecht ja nicht übertragen lassen.

Professionelle Fotografen stellen übrigens häufig nur Bilder in geringer Auflösung und mit deutlich sichtbarem Wasserzeichen bzw. Logo bei Facebook ein, damit über die Plattform keine Weitervermarktung an Bildagenturen oder andere Abnehmer erfolgen kann.

Kapitel 5

Das Web ist keine heile Welt und in Sozialen Netzwerken kann es sehr unsozial zugehen

Streitigkeiten, Mobbing, sexuelle Belästigung – viele typische Probleme Jugendlicher haben heute auch eine virtuelle Komponente. Mobbing lässt sich per Internet perfektionieren und intensivieren, und Kinderchatforen sind hoch attraktiv für Pädophile. Hier helfen Aufklärung und Prävention, manchmal auch die Polizei. Wie, das lesen Sie auf den folgenden Seiten.

Kleines Glossar der unsozialen Verhaltensweisen im Internet

Cyber-Mobbing/Cyber-Bullying

Nicht jede unfeine Bemerkung unter Gleichaltrigen ist gleich Mobbing, und nicht jeder Streit unter Klassenkameraden gilt als Bullying. Gemobbt (von engl. mob = Pöbel) wird jemand, wenn er von einem oder mehreren anderen über einen längeren Zeitraum absichtlich und systematisch attackiert wird, um ihn bloßzustellen, fertig zu machen und letztlich aus der Gruppe auszustoßen. Für Mobbing an der Schule wird oft auch das Wort Bullying (von engl. to bully = Einschüchtern von Schwächeren) verwendet.

Den Zusatz „Cyber" bekommen Mobbing und Bullying, wenn es über Internet und Handy ausgeübt bzw. fortgesetzt wird.

Cyber-Grooming

„To groom" heißt streicheln oder pflegen, und es gibt im Internet auch Werbung für eine ganze Reihe sehr netter Grooming-Angebote für Haustiere oder die männliche Gesichtspflege. Cyber-Grooming ist aber keineswegs nett, sondern es meint das gezielte Heranschleichen an Kinder im Internet aus sexuellen Interessen. Sexuelle Anmache kommt in allen Chatforen, auch und gerade in den speziellen Kinderforen, vor. Cyber-Grooms sind vorwiegend (aber nicht ausschließlich) Männer, die sich manchmal aber auch als weibliche Chatpartner tarnen.

Cyber-Stalking

Stalking heißt „Heranpirschen/Belauern" und wird als Oberbegriff für Aktivitäten verwendet, bei denen jemand einen anderen Menschen über einen längeren Zeitraum hinweg verfolgt, ihm auflauert und ihn kontaktiert, um ihn unter psychischen Druck zu setzen. Stalker sind oft enttäuschte Ex-Partner oder einseitig „Verliebte", manchmal aber auch Menschen, denen es einfach Spaß macht, andere einzuschüchtern.

Beim Cyber-Stalking nutzen Stalker die Möglichkeiten des Internets, um nachhaltig Druck auf ihr Opfer auszuüben, zum Beispiel, indem sie über einen längeren Zeitraum hinweg

- Gerüchte und Verleumdungen in Chatforen und Sozialen Medien streuen,
- Intimfotos veröffentlichen oder den Kopf des Verfolgten in Sexfotos montieren,
- intime Details aus dem Leben des Opfers verbreiten, etwa körperliche Merkmale, sexuelle Vorlieben, Hygieneverhalten oder persönliche Gewohnheiten,
- soziale Profile des Opfers hacken und diese nutzen, um andere im Namen des Opfers zu beschimpfen oder zu verleumden,
- in Internetshops auf Namen und Rechnung des Opfers Waren bestellen.

Happy Slapping

„Fröhliches Prügeln" ist eine zynische Bezeichnung für Schlägereien, die nur angezettelt werden, um sie filmen und weiterverbreiten zu können.

Sexting

Dieser Begriff setzt sich aus „Sex" und „texting" (= engl. für das Versenden von SMS bzw. MMS) zusammen und meint den Austausch von selbst gemachten erotischen Fotos bzw. Nacktaufnahmen via Handy, E-Mail oder Instant Messenger. Im Rahmen des → Cyber-Grooming werden Kinder und Jugendliche oft auch zu Sexting aufgefordert.

Social Phishing

Das „Abfischen" von sozialen Daten kann beispielsweise für → Cyber-Mobbing oder → Cyber-Stalking genutzt werden. Wer genügend soziale Daten über einen Dritten sammelt, kann beispielsweise ein (zweites) Profil in einem Sozialen Netzwerk über ihn anlegen und dort gefälschte Informationen verbreiten, die das Opfer in ein schlechtes Licht rücken. Oder er hackt das Original-Profil des Opfers und nutzt dieses, ihm zu schaden.

Dieser „Identitätsklau" findet manchmal als „Racheakt" statt, wenn etwa ein Teenager dem anderen den Freund ausgespannt hat. Er kann aber auch von Kriminellen genutzt werden, um beispielsweise gefälschte Hilferufe an Freunde zu senden und Geldüberweisungen zu erbitten.

Beschimpfungen, Beleidigungen, Verleumdungen ... alles ganz normal?

Schon auf dem realen Schulhof ist der Umgangston mitunter recht unfein. Bloßstellungen und Beschimpfungen finden in jedem Klassenzimmer statt. Über die in diesem Fall unsozialen Netzwerke erreichen sie aber ein viel größeres Publikum und eine andere Nachhaltigkeit.

Die JIM-Studie 2011 brachte hier viel Unerfreuliches ans Licht:

- 14 Prozent der Befragten gaben an, dass über sie schon einmal peinliche oder beleidigende Inhalte ins Internet gestellt wurden.
- Neun Prozent der Zwölf- bis 13-Jährigen wurden online bereits einmal beschimpft oder verleumdet, bei den 14- bis 15-Jährigen waren es sogar 18 Prozent.
- Die Aussage „Es gab im Freundeskreis schon einmal Ärger wegen Einträgen im Internet" bestätigten 26 Prozent der Jugendlichen, wobei je zehn Prozent sagten, es sei dabei um Bilder bzw. Videos oder Texte und Kommentare gegangen, bei vier Prozent waren es unwahre Behauptungen, und nur bei zwei Prozent fiel der Begriff Mobbing – wobei sich das aus Sicht der Opfer vermutlich anders darstellt.
- Immerhin gaben ebenfalls 22 Prozent der Jugendlichen an, in ihrem Bekanntenkreis sei schon einmal jemand im Internet regelrecht fertiggemacht worden.

So lange sie selbst nicht als Opfer betroffen sind, machen sich die meisten Kinder und Jugendlichen aber nicht so viele Gedanken darüber, wie Online-Unfreundlichkeiten auf andere wirken.

Der Jugendsachbeamte und Präventionsbeauftragte der Polizei, mit dem ich bei meinen Recherchen gesprochen habe, stellte etwas resignierend fest: „Mir ist aufgefallen, dass die Empathie unter den Jugendlichen in den letzten Jahren abgenommen hat.“ Heimliches Filmen anderer in allen möglichen und unmöglichen Lebenslagen ist nach seiner Beobachtung gang und gäbe, und der Umgangston in vielen Chatforen sei inzwischen ziemlich rau. „‚Schlampe‘ und ‚Wichser‘ gelten dort als ganz normale Anredeformen, das empfinden die nicht als Beleidigung.“

Beschimpfungen, Beleidigungen, Verleumdungen ... und wie ist die Rechtslage?

Wer bei der Verkehrskontrolle den Polizisten mit einer Bezeichnung aus der Analgegend belegt, begeht eine Straftat, und die wird teuer: Zehn bis 30 Tagessätze sind hier üblich, wobei ein Tagessatz bei einem Dreißigstel des Nettoeinkommens liegt. Und wenn ein Nachbar Ihren Teenager mit demselben Schimpfwort belegt? Dann ist das grundsätzlich auch nicht anders als beim Polizisten.

Gut zu wissen

Wann gilt ein unfeines Wort als Beleidigung im Sinne des Strafgesetzbuches (§ 185)?
Das hängt von zwei Gegebenheiten ab:

- Zum einen muss sich jemand beleidigt fühlen und deswegen tätig werden. Denn die Beleidigung ist ein so genanntes Antragsdelikt, das nicht automatisch von der Staatsanwaltschaft verfolgt wird, sondern nur, wenn der Beleidigte binnen drei Monaten nach dem Vorfall einen Strafantrag stellt.
- Zum anderen muss die Beleidigung auch objektiv betrachtet eine – gewollte – Herabwürdigung des Opfers beinhalten.

Wenn „Wichser“ und „Schlampe“ oder „bitch“ in einem Sozialen Netzwerk unter Jugendlichen also tatsächlich die üblichen Anreden sind, ist das zwar als beklagenswerter Mangel an guten Manieren, nicht aber als Straftat zu werten, denn es ist ja keine beabsichtigte Herabwürdigung und wird vom Empfänger wahrscheinlich auch nicht so empfunden. Selbst wenn ein Teenager diese Worte aus Gedankenlosigkeit in Kreisen gebraucht, in denen sie nicht üblich sind, ist das rechtlich keine Beleidigung, denn es fehlte an der ehrverletzenden Absicht.

Anders sieht die Sache aus, wenn Ihr (minderjähriges) Kind gezielt und in herabsetzender Absicht beschimpft und ausgegrenzt wird. Finden sich beispielsweise in einem Sozialen Netzwerk üble Beschimpfungen, die über das in seiner Peergroup „Normale“ hinausgehen, können Sie das als Erziehungsberechtigte durchaus anzeigen.

Der bereits erwähnte Präventionsbeamte gibt dabei aber zu bedenken, dass es nach seiner Erfahrung bei solchen Vorfällen oft eine Vorgeschichte gibt, von denen das beleidigte Kind vielleicht nichts erzählt hat. Und die gegenseitige Beleidigung hebt sich rechtlich sozusagen auf (§ 199 StGB). Zum anderen könnte man manches auch im direkten Gespräch, möglichst mit den Eltern des anderen Kindes, klären. Das wirkt oft am besten. Wenn aber ein wirklich krasser Fall vorliegt und die Gegenseite die Beschimpfungen fortsetzt oder sogar hin zu Tätlichkeiten steigert, ist es ratsam, sich an die Polizei zu wenden.

Ähnlich sieht es bei Verleumdungen und übler Nachrede aus, die ebenfalls Antragsdelikte sind. Zwischen diesen beiden ähnlichen Begriffen gibt es aus rechtlicher Sicht einen entscheidenden Unterschied: Beides bezieht sich auf Behauptungen, die einen anderen vor Dritten herabsetzen sollen. Bei der üblen Nachrede (§ 186 StGB) glaubt aber der Verbreiter selbst, dass die Behauptung stimmt, während er bei einer Verleumdung (§ 187 StGB) genau weiß, dass das, was er über den anderen sagt, nicht wahr ist, es aber trotzdem verbreitet, um ihm zu schaden.

Dazu ein typisches Beispiel: Ein 13-Jähriger interessiert sich nicht für Fußball, sondern geht lieber zum Jazzdance. Für seine pubertierenden Klassenkameraden ist die Sache klar: „Der ist schwul!“ Postet ein Mitschüler entsprechende Äußerungen in wenig vornehmer Sprache, um den 13-Jährigen in den

Augen der anderen „Freunde“ herabzusetzen, ist das als üble Nachrede zu werten.

In der Wirkung vielleicht nicht rufschädigender, aber strafrechtlich noch schwerwiegender ist es, wenn der Rufmörder ohne jegliche sachliche Grundlage zuschlägt und frei Erfundenes verbreitet. Typisch sind Behauptungen über die sexuelle Freizügigkeit von Mädchen („Klassenschlampe“ oder Schlimmeres).

Gut zu wissen

Beleidigung (§ 185 StGB), üble Nachrede (§ 186 StGB) und Verleumdung (§ 187 StGB) sind so genannte Antragsdelikte, die strafrechtlich nur dann verfolgt werden, wenn das Opfer (bzw. bei Minderjährigen dessen Eltern) sich an die Polizei wenden und dort Anzeige erstatten.

Beleidigung und üble Nachrede können in schweren Fällen mit einer Geld- oder einer Gefängnisstrafe bis zu zwei Jahren bestraft werden, bei Verleumdung können es sogar bis zu fünf Jahre sein, wobei jugendliche Täter nicht mit Gefängnis, sondern mit „Erziehungsmaßnahmen“ rechnen müssen (lesen Sie dazu auch das Interview am Ende dieses Kapitels).

Oft ist es sinnvoll, zusätzlich die Lehrer zu informieren und den Schulpsychologen einzuschalten, damit das Thema im Klassenverband aufgearbeitet werden kann.

Handy-Fotos und Filme im Internet ziehen oft weite Kreise

Ein Handy-Foto ist schnell gemacht und schnell verschickt – oft wäre es aber besser, vor dem Versenden noch mal nachzudenken.

Wenig nachgedacht hatte offenbar ein 14-Jähriger Realschüler aus unserer kleinen Marktgemeinde. Er wollte eine von ihm verehrte Mitschülerin beeindrucken, fotografierte zu diesem Zweck sein eigenes erigiertes Geschlechtsteil per Handy und schickte der Angebeteten das Bild. Diese war verständlicherweise wenig entzückt, hatte aber nichts Besseres zu tun, als das Foto nebst Absenderangabe auf ihrer Facebook-Pinnwand zu veröffentlichen. Von dort verbreitete es sich rasend schnell im virtuellen Freundeskreis. Über den 14-Jährigen wurde auf dem Pausenhof so viel gekichert, dass schließlich mehrere Lehrer die Sache mitbekamen – denen das Penisporträt ebenfalls gezeigt wurde. Die Eltern des Hobbyfotografen erfuhren wohl als Letzte von der Affäre.

Allgemein beliebt ist auch das „Dekorieren" von betrunkenen Jugendlichen auf Partys, die dann fotografiert und ins Netz gestellt werden, sei es in einem Sozialen Netzwerk oder in einem privaten Blog. Manche dieser Bilder sind lustig, etwa wenn ein im Rausch eingeduselter Jüngling über und über mit Kronkorken „geschmückt" wird. Andere, die ich gesehen habe, sind schon ziemlich obszön, etwa wenn der Volltrunkene nackt ausgezogen, bis in sehr intime Gegenden mit einem Edding „beschriftet" war und ihm leere Flaschen in diverse Körperöffnungen gesteckt worden waren.

Mit Filmen kann man andere sogar noch besser bloßstellen. So filmte ebenfalls in unserer Gegend ein Zwölfjähriger mit seinem Handy den neunjährigen Nachbarsjungen von draußen durch das Toilettenfenster beim Wasserlassen und verbreitete den Film per Bluetooth an Mitschüler weiter. Der Neunjährige wurde im Pausenhof ausgelacht und wegen seiner Penisgröße gehänselt.

Der Jugendsachbeamte unserer Polizeiinspektion erzählte von einem noch krasseren Fall: Ein 15-Jähriger filmte während des Unterrichts eine Mitschülerin, deren Aussehen nicht unbedingt den herrschenden Schönheitsidealen entsprach. Er schnitt aus den Aufnahmen recht privater Tätigkeiten wie Nasebohren, sich Kratzen oder Kaugummikauen einen Film zusammen, den er mit „Urwaldgeräuschen" unterlegte und unter dem Titel „Das Tier" bei YouTube einstellte. Er und seine Schulfreunde fanden das unglaublich witzig. Wie dem Mädchen zumute war, als es den Film zu sehen bekam, mag man sich gar nicht vorstellen. Seine Eltern erstatteten Anzeige und zwangen den 15-Jährigen, den Film bei YouTube zurückzuziehen – aber natürlich hatte der sich bereits so weit unter den Mitschülern verbreitet, dass jeder, der ihn noch sehen wollte, ihn auch sehen konnte.

Negative Schlagzeilen machten Handyfilme und -fotos in der Presse im Zusammenhang mit dem so genannten „Happy Slapping“, bei dem Jugendliche sich prügeln oder andere zusammenschlagen, um entsprechende Filme drehen zu können, die sie dann stolz weiterverbreiten. Laut JIM-Studie 2011 hatte rund ein Viertel der befragten Jugendlichen schon einmal mitbekommen, dass eine Prügelei gefilmt wurde.

Nach solchen Vorfällen in den Allgäuer Städten Immenstadt und Kaufbeuren im Jahr 2006 wurden erst zehn Jugendliche zwischen 15 und 17 Jahren vor dem Jugendgericht angeklagt und zu diversen Erziehungsmaßnahmen verurteilt, dann erließ der Freistaat ein Handyverbot an Schulen. In Bayern dürfen Handys zwar noch zur Schule mitgebracht, aber während der Schulzeit nicht angeschaltet werden. Das kann man übertrieben finden, und natürlich ist ein Verbot noch nicht dasselbe wie seine Durchsetzung, aber es mahnt doch zu ein wenig Handy-Zurückhaltung auf dem Schulgelände.

Auch Gewalt- und Pornovideos werden unter Jugendlichen gar nicht so selten getauscht. Laut JIM-Studie 2011 haben 80 Prozent der Jugendlichen schon einmal gehört, dass es das gibt, 21 Prozent gaben an, ein Bekannter habe schon einmal ein solches Video erhalten und vier Prozent hatten schon einmal selbst eines bekommen. In der Pubertät ist Sex natürlich besonders spannend und das Interesse an einschlägigen Bildern und Filmen normal, aber diese sollten nicht die Hauptinformationsquelle über die weibliche Anatomie und adäquates Sexualverhalten sein.

Wichtig

Wenn zwei 15-jährige Jungen untereinander solche Videos tauschen, ist das also grundsätzlich kein Grund zur Beunruhigung. Anders sieht es aber aus, wenn ein 20-Jähriger einer 12-Jährigen ein Pornovideo schickt und es vielleicht noch mit einer ein- oder mehrdeutigen Aufforderung verbindet. Dann ist die Grenze zur sexuellen Belästigung eines Kindes eindeutig überschritten. Wenn Sie davon erfahren, sollten Sie eingreifen und sich an die Polizei wenden.

Mobbing und Bullying setzen sich in Sozialen Netzwerken fort

Hänseleien und Ausgrenzung in der Schule gibt es wahrscheinlich schon, seit es Schulen gibt. Aber im Internet-Zeitalter hat dieses Thema eine ganz neue Qualität bekommen: Cyber-Mobbing bzw. Cyber-Bullying hört eben nicht mehr an der Türe zum Klassenzimmer bzw. zur Schule auf, sondern setzt sich über E-Mails, Handys und Soziale Netzwerke rund um die Uhr und in einem weiteren Personenkreis fort.

Mobbing-Opfer haben daheim keinen sozialen Rückzugsraum mehr, sondern werden dort auch am eigenen PC oder Handy unter Beschuss genommen. Weil das Ganze nicht mehr von Angesicht zu Angesicht erfolgt, wird noch härter und gnadenloser formuliert, und alles wird und bleibt für eine weitaus größere Öffentlichkeit als „nur" die Schulklasse langfristig sichtbar.

Welche erschütternden Folgen das haben kann, zeigt der Fall des 13-jährigen Joel, der an der Schule bereits seit Längerem gemobbt wurde und eines Tages auf seiner Facebook-Pinnwand einen Link zu einem Foto fand, das ihn als Schwulen zeigte. Dabei stand: „Du bist ein arschgef. Homo". Joel loggte sich aus, sprang auf, lief hinaus und warf sich vor einen Zug. Das war am 14. Oktober 2010. Erst mehrere Wochen nach seinem Tod fanden seine Eltern heraus, was der Auslöser für diese Verzweiflungstat gewesen war. Der Täter wurde nie gefasst.

Joels Mutter Michaela Horn setzt sich seitdem für Aufklärung und Schutz vor Cyber-Mobbing ein, gab Interviews und war in mehreren Talkshows zu sehen. Von der Schule ihres Sohnes fühlte sie sich nach der Verzweiflungstat ihres Kindes wenig unterstützt, ebenso wie von der österreichischen Polizei (die Familie lebte in Österreich), die von einem „Bubenstreich" sprach.

Sie können davon ausgehen, dass die Polizei heute für dieses Thema stärker sensibilisiert ist.

In aller Regel entsteht Mobbing nicht in Sozialen Netzwerken, sondern wird dort in Form von Cyber-Mobbing „nur" fortgesetzt, wobei es den Leidensdruck für die Opfer stark erhöht. Die Ursachen für Mobbing sind vielfältig und haben mit den Machtstrukturen und dem Kommunikationsklima innerhalb der Schulklassen zu tun. Mobbing lebt meist von wenigen aktiven Tätern, die den Ton angeben, und einer größeren Zahl schweigender Mitläufer, die froh sind, wenn sie selbst nicht zum Opfer werden und im weiteren Verlauf zu der Ansicht kommen, das (immer empfindlicher und deswegen angreifbarer reagierende) Opfer habe die Ausgrenzung auf gewisse Weise selbst verschuldet bzw. „verdient".

Mobbing und Cyber-Mobbing von Schülern sind Phänomene, die im Grunde nur mit pädagogischen Mitteln gelöst werden können. Dann nämlich, wenn allen Beteiligten, auch den schweigenden Mitläufern, vor Augen geführt wird, wie groß das Leid des Opfers ist, wie schnell man selbst zum Opfer werden kann und wie schwierig es ist, aus dieser Rolle wieder herauszukommen. Ein Anti-Mobbing-Training setzt deswegen vorwiegend bei Empathie und Kommunikationsverhalten an.

Tipp

Sehr lesenswert fand ich das Buch von Karl Dambach:
„Wenn Schüler im Internet mobben. Präventions- und Interventionsstrategien gegen Cyber-Bullying"
Es richtet sich zwar in erster Linie an Lehrer, macht aber die typischen Mobbing-Strukturen und -Dynamiken sehr anschaulich und zeigt auf, wie man innerhalb der Schule dagegen vorgehen kann.
Der Autor ist engagiert im Verein „Mobbing-Intervention und -Prävention in der Schule e. V.". Weitere Informationen finden Sie auf seiner Website: *www.karl-dambach.de*

Eltern erfahren oft erst spät davon, dass ihr Kind gemobbt wird, weil die Opfer sich dafür schämen, Opfer zu sein, und weil sie manchmal von den Tätern so eingeschüchtert wurden, dass sie es nicht wagen, sich jemandem anzuvertrauen. Sie haben Angst, wenn sie in den Augen der Mitschüler erst einmal als „Petze" dastehen, würde alles noch schlimmer – was bei ungeschicktem Agieren von Eltern und Lehrern auch passieren kann.

Das heißt natürlich nicht, dass Sie untätig bleiben sollen, im Gegenteil:

Gut zu wissen

Wie Sie vorgehen sollten, wenn Ihr Kind Opfer von Cyber-Bullying ist

- Schimpfen Sie Ihr Kind nicht, wenn es Ihnen erst spät von einem bereits länger andauernden Mobbinggeschehen berichtet. Versuchen Sie, ruhig zu bleiben, zu trösten und aufzubauen.
- Sichern Sie zunächst Beweise, indem Sie Screenshots (Kopien der Bildschirmanzeige) machen. Sie erstellen die Kopie über ALT + DRUCK und können sie dann über das Snipping Tool (ab Windows 7) oder über die Tastenkombination STRG + V in Word oder ein Grafikprogramm einfügen und speichern.
- Melden Sie dann den Vorfall dem Betreiber des Sozialen Netzwerks und verlangen Sie, dass die beleidigenden Inhalte aus dem Profil Ihres Kindes entfernt werden.
- Die meisten Plattformen ermöglichen auch das Blockieren von Nachrichten bestimmter Nutzer; diese Funktion sollten Sie ebenfalls nutzen.
- Bei Facebook kann Ihr Kind auch einstellen, Postings welcher Absender überhaupt für andere Leser sichtbar sein sollen. Wenn Sie hier zuerst „benutzerdefiniert“ und dann „nur ich“ angeben, können andere Leser die Schmutzkampagne zumindest nicht direkt im Profil Ihres Kindes mitverfolgen.
- Wenden Sie sich mit den dokumentierten Angriffen an die Schule Ihres Kindes. Selbst wenn der oder die Täter über das Internet nicht eindeutig identifizierbar sind, weiß Ihr Kind ja, von wem es in der Schule gemobbt wird.
- Eine gute Schule schaltet dann einen Schulpsychologen ein und ergreift Maßnahmen, um das Klassenklima zu verbessern. Wichtig ist, dass es zunächst nicht um Schuldzuweisungen und Strafen geht, sondern um eine gemeinsame Aufarbeitung des Geschehens.
- Erst wenn das alles nichts nutzt bzw. wenn es sich um extreme Vorfälle handelt, sollten Sie sich an die Polizei wenden.

Rechtlich ist Cybermobbing ein Cocktail verschiedener Straftaten

Darüber machen sich mobbende Jugendliche natürlich keine Gedanken, aber wenn sie andere im Internet beschimpfen (Beleidigung), abwertende Kommentare oder Behauptungen über sie posten (üble Nachrede, Verleumdung), Fotos und Filme von ihnen ins Internet stellen (Verletzung des Rechts am eigenen Bild), haben sie schon einen bitteren Cocktail aus Antragsdelikten zusammengerührt:

- Heimliche Tonaufnahmen, z. B. im Unterricht, gelten als „Verletzung der Vertraulichkeit des Wortes“ (§ 201 StGB),
- Bild- und Filmaufnahmen auf der Toilette, in der Umkleidekabine oder in anderen sehr privaten Situationen sind eine „Verletzung des höchstpersönlichen Lebensbereichs durch Bildaufnahmen“ (§ 201a).
- Endgültig Schluss mit lustig ist dann bei Drohungen mit Straftaten nach dem Motto: „Wenn du deinen Eltern was sagst, schlage ich dich zusammen!“ Das gilt als Bedrohung (§ 241 StGB).
- Kommt es unter Gewaltandrohung zu sexuellen Übergriffen, ist das Nötigung (§ 240 StGB), und wird die angekündigte Prügelattacke tatsächlich umgesetzt, ist das Körperverletzung (§ 223 StGB) oder Beteiligung an einer Schlägerei (§ 231 StGB).

Bedrohung, Nötigung und Körperverletzung fallen nicht mehr unter Dummejungenstreiche oder pubertätsbedingte Ausfallserscheinungen, auch nicht mehr unter die vergleichsweise harmlosen Antragsdelikte, sondern das sind so genannte Offizialdelikte, die von Amts wegen verfolgt werden.

Interview mit Udo Vetter, Fachanwalt für Strafrecht in Düsseldorf

Von welchen Internet-Straftaten sind Ihrer Erfahrung nach Jugendliche am häufigsten als Opfer und als Täter betroffen?

Opfer sind sie vielfach bei Abo-Fallen, die derzeit vor allem über Android-Apps gestellt werden. Auch Mobbing, Stalking und sexuelle Belästigung kommen oft vor, wobei reale sexuelle Übergriffe, die im Internet angebahnt wurden, Ausnahmefälle bleiben.

Wann sollten Jugendliche bzw. Eltern sich an die Polizei wenden und Anzeige erstatten? „Lohnt" sich das überhaupt wegen einer Beleidigung oder sexueller Anmache?

Man sollte immer Anzeige erstatten, wenn man glaubt, Opfer einer Straftat geworden zu sein. Sie sollten sich auch nicht abwimmeln lassen, wenn ein Polizist meint, es handle sich um eine Bagatelle oder die Strafverfolgung lohne nicht, weil dabei sowieso nichts herauskomme.

Es ist nicht Sache der Polizei, zu entscheiden, ob eine Straftat vorliegt – außer in ganz offensichtlichen Fällen – oder ob sich die Strafverfolgung lohnt. Aufgabe der Polizei ist es, Anzeigen aufzunehmen und zu ermitteln. Manchmal kommt man sogar erst aufgrund lauter Bagatelldelikte einem Serientäter auf die Spur.

Wie groß sind denn die „Erfolgsaussichten", wenn Eltern eine Anzeige gegen Unbekannt wegen Cyber-Mobbings an ihrem Kind erstatten?

Das kommt darauf an, ob der Täter bekannt ist. Oft weiß man ja, wer dahintersteckt oder hat eine plausible Vermutung. Man kann den Absender von beleidigenden Inhalten heute auch über die Internetplattformen ermitteln, wenn er keine Anonymisierungssoftware nutzt.

Kann der Täter dann im Gefängnis landen?

Bis zum 21. Geburtstag wird normalerweise das Jugendstrafrecht angewendet. Bei diesem steht der Erziehungsgedanke im Vordergrund, was bedeutet, dass es für einen erstmals auffällig gewordenen Jugendlichen eine Ermahnung durch den

Richter gibt und vielleicht noch ein paar Stunden gemeinnützige Arbeit verordnet werden oder ein Anti-Aggressionstraining.

Das wirkt für Eltern eines schwer drangsalierten und eingeschüchterten Kindes aber sehr milde.

Ja, da sind manche schon enttäuscht. Aber Strafe und Abschreckung sind eben keine Ziele im Jugendstrafrecht, sondern die Erziehung. Das wirkt meiner Erfahrung nach auch ganz gut, und solche Probleme lassen sich meiner Meinung nach auch nicht durch Strafen, sondern nur pädagogisch lösen.

Wenn Sie einen Jugendlichen gleich ins Gefängnis stecken, ist die Gefahr viel größer, dass er trotzig reagiert und sich von den Intensivtätern, mit denen er dort in Kontakt kommt, zu einer weiteren kriminellen Karriere verleiten lässt. Außerdem können Sie neben dem Strafantrag ja auch zivilrechtlich gegen den Täter vorgehen.

Was bedeutet das?

Nehmen wir als Beispiel den Fall mit dem Film „Das Tier", den Sie mir geschildert haben. Strafrechtlich handelt es sich hier um eine schwere Beleidigung. Zivilrechtlich können die Eltern des Mädchens den Täter auf Unterlassung und auf Schadensersatz und/oder Schmerzensgeld verklagen.

„Unterlassung" heißt, dass er den Film von der Plattform löschen muss und ihn unter Androhung einer Geldstrafe nicht mehr verbreiten darf. „Schadensersatz" bezieht sich immer auf einen materiellen Schaden. Wenn das Mädchen beispielsweise psychologische Betreuung benötigt hat, müsste der Täter die Kosten dafür ersetzen. „Schmerzensgeld" gibt es für den immateriellen Schaden, also für das durch den Film entstandene Leid des Opfers.

Wie hoch kann das Schmerzensgeld ausfallen?

Naja, wir sind hier nicht in Amerika, wo solche Zahlungen gleich in Millionenhöhe anfallen. Meistens werden es zwischen 2.000 und 5.000 Euro sein, je nach dem Umfang und dem Wirkungsgrad der Tat. Im bekannten Fall der Lisa Loch, die von Stefan Raab im Fernsehen verunglimpft worden war, was natürlich eine enorme Breitenwirkung hatte, waren es sogar 70.000 Euro. Das war aber eine Ausnahme.

Müssen bei einem Minderjährigen die Eltern das Schmerzensgeld zahlen?

Nein. Manche Eltern können das auch gar nicht, weil sie selbst von Hartz IV leben. Dann muss man eben warten, bis der Täter volljährig ist und ein eigenes Einkommen hat. Es kann natürlich passieren, dass er nie selbst Geld verdient und das Opfer deswegen das Schmerzensgeld nie erhält.

Und was ist, wenn das Opfer sich mit gleichen Mitteln wehrt? Zum Beispiel die Schülerin, die das Penis-Foto erhielt und mit Angabe des Absenders auf ihrer Facebook-Seite veröffentlichte?

Das ist ein ähnlicher Fall, wie er gerade im Zusammenhang mit der Sportlerin Ariane Friedrich diskutiert wird, die einen Stalker auf ihrer Facebook-Seite bloßgestellt hat. Es gibt Juristen, die meinen, das sei legitim, weil sie ja eine wahre Tatsache verbreitet hat. Ich sehe das nicht so, und die meisten Kollegen auch nicht. Das ist eine Form von Selbstjustiz, die in einem Rechtsstaat nicht akzeptabel ist.

Wie sieht also der Fall aus rechtlicher Sicht aus?

Das Senden des Intimfotos ist ohne Einverständnis des Mädchens erfolgt und stellt daher eine Beleidigung auf sexueller Ebene und vielleicht auch eine Belästigung mit pornografischem Material dar. Man muss aber dazu sagen, dass nicht jedes Nacktfoto gleich Pornografie ist, auch nicht, wenn ein Penis darauf zu sehen ist.

Durch das Outing bei Facebook hat das Mädchen wiederum das Recht des Jungen am eigenen Bild und an der Wahrung seiner Intimsphäre verletzt. Nur weil er zuvor etwas Blödes gemacht hat, hat er schließlich nicht gleich seine Persönlichkeitsrechte aufgegeben.

Das Internet sollte nicht für Selbstjustiz missbraucht werden

Wer im Internet Täter wird und identifizierbar ist, weckt in so manchem Opfer die Lust, den Spieß einfach mal umzudrehen. Ariane Friedrich hat das so gemacht und damit nicht nur eine rechtliche, sondern auch eine gesellschaftliche Diskussion ausgelöst: Die Hochspringerin hatte eine E-Mail mit obszönen Inhalten von einem mutmaßlichen Stalker erhalten und diese nicht nur bei Facebook veröffentlicht, sondern auch noch den vollen Namen und

Wohnort des Absenders genannt. Sie traf damit keinen Unschuldigen, denn der Mann hatte die Beleidigung nebst „Verbreitung pornografischer Schriften" gegen den Willen der Empfängerin ja tatsächlich begangen.

Trotzdem wurde auch gegen Ariane Friedrich ein Ermittlungsverfahren eingeleitet, weil sie eben die Persönlichkeitsrechte des Täters durch diese öffentliche Anprangerung verletzt habe. Wie auch immer die Sache letztendlich juristisch ausgeht, für uns alle und auch für unsere Kinder sollte klar sein, dass wir das Internet nicht als sozialen Pranger für echte oder vermeintliche Verfehlungen anderer nutzen sollten.

Wir haben das Glück, in einem Rechtsstaat zu leben. Wir müssen unsere Rechte nicht auf eigene Faust wahren und diejenigen nicht selbst bestrafen, die uns Unrecht tun, sondern können dazu auf die Polizei, Anwälte und Staatsanwaltschaft setzen. Vielleicht sind wir dann manchmal nicht einverstanden mit den Ergebnissen der rechtsstaatlichen Ermittlungen und Handlungen, etwa wenn wir ein Urteil gegen einen Täter zu milde finden. Dafür können wir aber darauf vertrauen, dass niemand, auch nicht Sie oder ich oder eines unserer Kinder, willkürlich verfolgt und bestraft wird, sondern dass für alle dieselben Regeln gelten.

Allzu leicht könnte die Selbstjustiz zudem den Falschen treffen. So wäre es im Fall Friedrich ja auch denkbar gewesen, dass der von ihr angeprangerte Stalker in Wirklichkeit Opfer eines Identitätsdiebstahls geworden war und jemand anders unter seinem Namen gehandelt hatte. Oder denken Sie an den Mordfall Lena, der im Frühling 2012 für Schlagzeilen sorgte:

Eine Elfjährige war in einem Parkhaus ermordet und kurz darauf ein 17-Jähriger als Tatverdächtiger verhaftet worden. Die öffentliche Empörung war groß, und prompt rief ein besonders Empörter über Facebook dazu auf, die Polizeiwache zu stürmen und den 17-Jährigen zu lynchen. Tatsächlich versammelten sich rund 50 Leute vor der Polizeiwache, zu deren Erstürmung es glücklicherweise nicht kam. Der beinahe Gelynchte war dabei völlig unschuldig, wie sich ein paar Tage später herausstellte.

Das sind schon wegen der enormen Öffentlichkeitswirkung Extrembeispiele. Aber auch im kleinen persönlichen Kreis sollte das Internet nicht dazu dienen, andere bloßzustellen, nicht einmal dann, wenn die intimen Details, die man dazu an die Öffentlichkeit zerrt, wahr sind.

Warum, das illustriert ein Vorfall, der sich an der Schule einer benachbarten Kleinstadt zugetragen hat: Eines Tages fand sich auf dem – öffentlich sichtbaren – Facebook-Profil eines Schülers das Foto der Schultafel aus seinem Klassenzimmer, auf die er mit Kreide eine Botschaft an eine Lehrerin geschrieben hatte: „Frau (der Name der Lehrerin war gut und vollständig lesbar), wir würden Sie bitten, ein Deo zu benutzen, weil Sie nicht gut riechen."

Ich weiß nicht, ob die Lehrerin tatsächlich schlecht riecht und ob es eine Vorgeschichte dazu gab, aber die persönliche Geruchsentwicklung eines Menschen ist kein Thema, das die paar Hundert Facebook-Freunde eines Schülers und deren Tausende von Freunden angeht. Wenn der Schüler mal fettige Haare, einen dicken Pickel auf der Nase oder eine fleckige Unterhose hat, geht das die Online-Gemeinde auch nichts an. Dann wird der Junge zweifellos froh sein, wenn andere das auch so sehen und seine Unvollkommenheiten nicht virtuell dokumentieren und tausendfach verbreiten. Darüber sollten Sie mit Ihrem Kind sprechen.

Cyber-Grooms lieben Kinderforen

Sexuelle Belästigung von Kindern und Jugendlichen kommt in Chatforen und Sozialen Netzwerken täglich tausendfach vor, wobei die Altersgruppe der Zehn- bis 15-Jährigen am stärksten betroffen ist. Erstens, weil jüngere Kinder meist noch nicht unbeaufsichtigt im Internet unterwegs sind, zweitens, weil Kinder in diesem Alter noch vergleichsweise arglos und gleichzeitig neugierig sind und drittens, weil ältere Jugendliche selbstbewusster sind und weniger in das „Beuteschema" Pädophiler oder sozial gehemmter junger Erwachsener passen.

Der „typische" Täter muss dabei keineswegs der 50-Jährige mit Glatze und Bauch sein, den ich mir früher als Cyber-Groom vorgestellt habe, sondern es sind oft auch selbst Jugendliche oder junge Erwachsene, die sich an Kinder im Netz heranmachen.

Gut zu wissen

Besonders gerne besuchen Cyber-Grooms Kinder- und Schüler-Chatforen, denn da können sie sicher sein, dass sie ihre Zielgruppe treffgenau erreichen. Die Polizisten, mit denen ich gesprochen habe, sagen, dass in allen Chatrooms, in denen Kinder aktiv sind, sexuelle Belästigung stattfindet, oft schon wenige Minuten nach dem Einloggen und ziemlich unverhohlen, manchmal auch erst nach einer Phase des Vertrauensaufbaus. Zum Glück bleibt es meist „nur" bei verbaler Anmache und dem Zuschicken von Fotos (wobei auch das Kinder schon ängstigen kann) und kommt nur in seltenen Fällen zu realen Verabredungen und Sexualstraftaten. So ganz beruhigend ist das aber nicht.

Cyber-Grooms sind oft sehr geschickt darin, sich das Vertrauen eines Kindes zu erschleichen und seine Neugier auf sexuelle Themen zu wecken bzw. auszunutzen. Ist das Kind einmal auf eine Forderung wie die Schilderung einer sexuellen Fantasie oder das Zusenden eines (Halb-)Nacktfotos eingegangen, sitzt es in der Falle: Der Groom erpresst es dann zu weiteren Zugeständnissen mit der Drohung, er werde die „Verfehlung" des Kindes seinen Eltern oder anderen Forenmitgliedern mitteilen.

Vor gezielt vorgehenden Tätern, die sich ein Fake-Profil zulegen, besteht auch in den vermeintlich geschützten Foren kein echter Schutz. Unangemessene Nachrichten kann Ihr Kind da zwar melden bzw. blocken, aber wenn der Täter es geschickt angestellt und sich das Vertrauen eines Kindes über einen längeren Zeitraum hinweg erschlichen hat, hat das Kind Hemmungen, den bisher so netten Chatpartner zu blocken, wenn er zu intim wird. Wenn es sich erst einmal erpressbar gemacht hat, ist es aus seiner Sicht ohnehin zu spät.

Auf den Moderator können Sie sich auch nicht verlassen, weil Chats, die über Instant Messaging ablaufen, für ihn unsichtbar sind. Und nicht nur das, von IM-Chats werden weder die Anmeldedaten noch die Inhalte protokolliert und gespeichert.

Wenn Ihr Kind Opfer eines Cyber-Grooms geworden ist und Sie es mitbekommen, gehen Sie am besten so vor:

Gut zu wissen

Was Sie tun sollten, wenn Ihr Kind im Internet sexuell belästigt wurde

- Brechen Sie den Chat ab bzw. sagen Sie dem Kind, dass es auf weitere Postings nicht reagieren soll. Drängt der Chatpartner es zur Antwort, posten Sie notfalls eine Ausrede: „Muss jetzt weg, meine Eltern kommen!" Sammeln und sichern Sie dann möglichst viele Informationen:
  - Beschreibung des Vorfalls,
  - Name des Forums/Netzwerks, Datum, Uhrzeit,
  - alles, was Sie und Ihr Kind über den Täter wissen: seinen Nickname, ggf. E-Mail- oder Instant Messenger-Adresse, Handynummer
  - Nachrichten, Fotos und anderes, das der Täter Ihrem Kind geschickt hat
- Bei einem reinen Chat können Sie per Screenshot eine Kopie der Bildschirmanzeige machen.
- Sobald Sie alles dokumentiert und gesichert haben, wenden Sie sich an die Polizei und erstatten dort eine Anzeige. Je schneller Sie das tun, umso größer ist die Wahrscheinlichkeit, dass der Forenbetreiber die Daten noch gespeichert hat und der Belästiger ermittelt werden kann.
- Sprechen Sie mit Ihrem Kind über das Erlebte, damit es sich mit seinen Ängsten und möglicherweise vorhandenen Schuldgefühlen nicht alleingelassen fühlt.
- Wenn Sie mehr Hilfe brauchen, wenden Sie sich an eine spezialisierte Beratungsstelle (Adressen finden Sie im Anhang).

Kinder vertrauen sich auch bei Cyber-Grooming ihren Eltern oft erst sehr spät an, weil sie sich schämen, aber auch, weil sie Angst haben, die Eltern würden ihnen ihre Internetaktivitäten zukünftig ganz verbieten. So ganz aus der Luft gegriffen ist diese Befürchtung zugegebenermaßen nicht, denn tatsächlich wäre das wohl die erste Reaktion der meisten Eltern.

Deswegen sollten Sie Ihr Kind über die Gefahren des Cyber-Grooming – ohne Panikmache – aufklären, mit ihm Chatregeln vereinbaren und ihm versichern, dass es immer zu Ihnen kommen kann, was immer ihm im Internet passiert, ohne dass Sie gleich die Verbotskeule schwingen.

Aufgeklärte Kinder können sich besser schützen und viele unangenehme Situationen im Chat vermeiden. Hauptgefahr für Kinder ist nämlich der sorglose Umgang mit Informationen über sich selbst und ihre Arglosigkeit gegenüber Menschen, die sie nur unter einem Nickname kennen, also in Wirklichkeit gar nicht.

Gleichzeitig wählen Pubertierende oft Nicknames, die sie geradezu als potenzielle Opfer kennzeichnen.

Rufen Sie zum Beispiel die Startseite von *www.schulhofchat.de* auf, können Sie auf den ersten Blick sehen, wer gerade im Chat ist. An einem Tag fand ich da „Sarina14" und „jujugirl14" (ach, die sind also süße 14 Jahre alt!), LiebesEngel und SexyBaby123 (klingt ja vielversprechend!), „süßer.boy151" und „Beachboy" (hmm!). Solche Pseudonyme wirken anziehend – auch auf Chatpartner, die sexuelle bzw. pädophile Interessen haben.

Es waren aber auch zwei Mädchen mit ihrem richtigen Vor- und Nachnamen gemeldet. Die machen es Interessierten extra leicht, herauszufinden, wo sie wohnen bzw. wo sie zu finden sind. Gut informierte Kinder würden das nicht tun. Ihr Kind also zukünftig auch nicht.

Wichtig

Besprechen Sie mit Ihrem Kind, was es beim Chatten beachten sollte

- Fülle bei der Anmeldung in einem Forum nur die Felder aus, die als Pflichtangaben (meist mit einem *) gekennzeichnet sind.
- Wähle einen Nickname, der Uneingeweihten nicht verrät, wer du bist – also nicht etwa einen Spitznamen, unter dem dich jeder kennt.
- Verrate mit deinem Nickname nicht dein Alter („susi12") oder deinen Wohnort („erdingfan") und formuliere ihn nicht so, dass Chatpartner ihn als sexuelle Einladung missverstehen könnten („süßemaus").
- Wenn neben deinem Nickname auch ein Bild zu jedem Posting erscheint, stelle kein Porträtfoto ein, auf dem dich jeder erkennen könnte, sondern eine Grafik oder Comicfigur.
- Vertraue nicht jedem Chatpartner – du weißt nicht, wer hinter dessen Nickname steht und ob das, was er dir über sich schreibt, wahr ist.

- Gib Chatpartnern, die du nicht persönlich kennst, keine Informationen darüber, wo du wohnst, zur Schule gehst und dich regelmäßig aufhältst.
- Gib deine Handynummer nicht im Chat weiter.
- Lass dich mit dir noch nicht persönlich bekannten Chatpartnern nicht auf Instant Messaging und/oder Videotelefonate ein – es sei denn, deine Eltern sind im Hintergrund und können mithören bzw. -lesen.
- Blocke Chatpartner, die dich nach intimen Dingen fragen, etwa danach, wie weit du körperlich entwickelt bist oder ob du schon mal Sex hattest. Melde sie dem Moderator bzw. nutze den Alarm-Button.
- Verschicke an Chatpartner keine Fotos von dir, die du nicht jedem anderen – z. B. deinen Eltern oder Lehrern – auch zeigen würdest.
- Blocke und melde einen Chatpartner, wenn er will, dass du ihm Nacktbilder von dir schickst oder wenn er dir welche schickt.
- Vertraue dich deinen Eltern an, wenn ein Chatpartner von dir Dinge fordert, die du nicht willst. Auch dann, wenn der Chatpartner damit droht, dich wegen irgendwelcher Dinge bloßzustellen, auf die du dich schon eingelassen hast.
- Verabrede dich nicht allein mit einem Chatpartner, dem du im „echten Leben" noch nicht begegnet bist. Auch nicht, wenn es sich (angeblich) um ein Mädchen handelt. Ein seriöser Chatpartner hat Verständnis dafür, wenn du zum ersten Treffen deine Eltern mitbringst.

Anhang

Websites, auf denen Sie weitere Informationen und Tipps zum sicheren Surfen erhalten

www.bitkom.org

Website des Bundesverbandes Informationswirtschaft, Telekommunikation und neue Medien e.V.; hier finden Sie laufend aktuelle Studien zur Internetnutzung.

www.bsi-fuer-Buerger.de

Website des Bundesamts für Sicherheit in der Informationstechnik, mit aktuellen Informationen zur Sicherheit im Netz, am PC und am Handy.

www.chatten-ohne-risiko.net

Hinter diesem Informationsangebot steht das Referat Chats, Messenger und Communitys bei jugendschutz.net. Hier sind konkrete Informationen und Tipps rund ums Chatten zu finden sowie ein Chat-Atlas, in dem Sie nachlesen können, welche Chatforen als wie riskant eingeschätzt werden.

www.computerbetrug.de

Sehr informative Seite zu allen Spielarten des Internetbetrugs mit jeweils aktuellen Informationen über Telefon-Abzocken, Phishing, Viren, Würmer, Trojaner, betrügerische Gewinnspiele, gefälschte Rechnungen usw.

www.handywissen.info

Angebot der Landesstelle Kinder- und Jugendschutz Sachsen-Anhalt e.V. (LSKJ), das Eltern und Lehrer über Risiken und Präventionsmöglichkeiten in Bezug auf die Handynutzung informiert.

www.hass-im-netz.info

Hinter dieser Seite steht die Initiative jugendschutz.net, über die Sie im nächsten Abschnitt mehr lesen. Sie informiert gezielt über rechtsextreme Aktivitäten im Netz, über typische Themen und Argumentationen der Neonazis und über die Rechtslage. Außerdem gibt es hier eine Meldefunktion, die Sie nutzen können, wenn Ihr Kind auf rechtsextreme und ausländerfeindliche Inhalte gestoßen ist.

www.klicksafe.de

Website der EU-Initiative für mehr Sicherheit im Netz. Sicher eines der besten Angebote in diesem Bereich mit umfassenden, gut verständlichen und topaktuellen Informationen zu allen sicherheitsrelevanten Bereichen rund ums Internet, inklusive Arbeitsmaterialien für Schule und Unterricht.

www.medien-sicher.de

Ein Angebot der Gutenbergschule Wiesbaden in Zusammenarbeit mit dem Landeselternbeirat von Hessen, dem Staatlichen Schulamt für Wiesbaden und den Rheingau-Taunus-Kreis sowie der Zentralen Jugendkoordination des Polizeipräsidiums Westhessen.

Inhaltlich verantwortlich ist Günter Steppich, der auch die Facebook-Gruppe „Facebook für Eltern“ gegründet hat. Er postet laufend aktuelle Studien, Flyer, Tipps und Links zum Thema.

www.mimikama.at

Hinter dieser Plattform zum Thema Facebook steht der österreichische Verein zur Aufklärung über Internetmissbrauch. Hier finden Sie laufend aktualisierte Warnungen vor Facebook-Betrügereien und auch sonst interessante Facebook-News.

www.polizei-beratung.de

Das Programm Polizeiliche Kriminalprävention der Länder und des Bundes (ProPK) widmet sich der Aufklärung über Kriminalität und der Prävention und bietet unter dieser Internetadresse viele Informationen über Internetkriminalität und Schutzmaßnahmen. Neben aktuellen Tipps gibt es viele Broschüren und Infoblätter für Lehrer, Eltern und Jugendliche. Interessant ist auch der „Sicherheitskompass“, mit dessen Hilfe Sie die „technische Sicherheit“ Ihres PCs prüfen können.

http://schau-hin.info

SCHAU HIN! ist eine Initiative des Bundesfamilienministeriums in Zusammenarbeit mit ARD, ZDF, Vodafone und anderen Medienunternehmen und -verbänden. Ziel ist die Sensibilisierung der Öffentlichkeit für das Thema „Kinder und Medien“. Auf der Website finden Sie Tipps und Informationen zu elektronischen Medienangeboten (auch zum Fernsehen) und deren Handhabung, und zwar in Bezug auf Kinder zwischen drei und 13 Jahren.

www.surfer-haben-rechte.de

Website des verbraucherzentrale Bundesverbandes zum Projekt „Verbraucherrechte in der digitalen Welt“, auf der neben den aktuellen Entwicklungen, Klagen und Urteilen und einer Meldefunktion für „schwarze Schafe“ im Internet auch viele Hintergrundinformationen und Materialien speziell für Kinder und Jugendliche zu finden sind.

Websites, die sich präventiv direkt an Kinder und Jugendliche richten

www.handysektor.de

Diese Seite ist ein Gemeinschaftsprojekt der Landesanstalt für Medien Nordrhein-Westfalen (LfM) und des Medienpädagogischen Forschungsverbundes Südwest (mpfs) und richtet sich explizit an Jugendliche. Im Vordergrund stehen die sichere Nutzung von WLAN, Handy, Notebook, Bluetooth usw. Daneben gibt es Informationen zu Datenschutz, Kostenfallen und Abo-Kündigungen.

www.ichimnetz.de

Diese gemeinsame Initiative von Das Telefonbuch, Spiegel online und der Universität Passau hat eine für Teenies ausgesprochen informative Seite gestaltet, die redaktionell sehr aktuell ist, z. B. die neuesten Facebook-Entwicklungen aufgreift und über die jeweils aktuellen Privatsphäre-Einstellungen in den verschiedenen Sozialen Netzwerken informiert. Diese Seite gefällt mir besonders gut, weil sie in erster Linie einen informativen/journalistischen und keinen pädagogischen Ansatz verfolgt und damit für Jugendliche nicht „peinlich" ist.

www.internet-abc.de

Der Verein „Internet-ABC e. V." wird von verschiedenen Landesmedienanstalten getragen und bietet Kindern, Eltern und Lehrern Infos, Tipps und Tricks rund um das Internet. Die (werbefreien) Kinderseiten des Internet-ABC richten sich an Kinder zwischen fünf und zwölf Jahren und bieten neben Spielen z. B. Tipps für sicheres Surfen und sichere Chats, Linktipps für Schule und Hausaufgaben, ein Internet-Lexikon und die Möglichkeit, einen „Surfschein", also eine Art Internet-Führerschein zu machen.

www.netzdurchblick.de

Entstanden ist diese Website im Rahmen eines Studentenprojektes der 5. Semester der Bachelorstudiengänge „Bibliotheks- und Informationsmanagement“, sowie „Medien und Information“ der HAW Hamburg. Netzdurchblick richtet sich an Kinder und Jugendliche zwischen zwölf und 16 Jahren, denen die kreativen Möglichkeiten des Internets einerseits sowie Gefahren und Risiken andererseits vorgestellt werden.

Das Informationsangebot ist altersgerecht spielerisch und witzig, zum Urheberrecht gibt es beispielsweise ein Rap-Video, und wie gut das erworbene Wissen ist, lässt sich gleich bei einem Online-Test ermitteln.

www.watchyourweb.de

Hinter dieser Seite steht die Fachstelle für Internationale Jugendarbeit der Bundesrepublik Deutschland e. V. Witzig und dabei doch zum Nachdenken anregend sind die Videoclips, in denen Themen wie „Man weiß nie, wer hinter den Nicknames steckt“ oder „Das Netz vergisst nichts“ teenagergerecht umgesetzt werden.

Beschwerde- und Beratungsstellen, an die Sie oder Ihr Kind sich wenden können, wenn es problematische Vorfälle im Internet gab

www.computersuchthilfe.info

Informationsangebot, das von den Mitarbeitern des Deutschen Zentrums für Suchtfragen des Kindes- und Jugendalters (DZSKJ) erstellt worden ist. Sie finden hier verschiedene Broschüren zum Download, die sich an Jugendliche, Lehrer und Angehörige richten.

www.internet-beschwerdestelle.de

Wie der Domain-Name schon sagt: Hier können Sie jugendgefährdende und andere illegale Inhalte melden. Betreiber sind der Verband der deutschen Internetwirtschaft eco und die Freiwillige Selbstkontrolle Multimediadiensteanbieter FSM.

www.jugendschutz.net

Diese Organisation ist organisatorisch an die Kommission für Jugendmedienschutz (KJM) angebunden und hat den Auftrag, jugendschutzrelevante Angebote im Internet zu überprüfen und auf die Einhaltung von Jugendschutzbestimmungen zu drängen. Auf dieser Seite finden Sie auch eine Hotline, bei der Sie illegale und jugendgefährdende Inhalte (auch anonym) melden können.

www.mips-ev.de

Website des Vereins „Mobbing-Intervention und -Prävention in der Schule e.V." Der Verein konzentriert sich auf die Mobbing-Prävention, arbeitet aber auch mit Eltern, deren Kinder Mobbing-Opfer oder -Täter sind.

www.nummergegenkummer.de

Die Dachorganisation des größten kostenfreien telefonischen Beratungsangebots für Kinder, Jugendliche und Eltern stellt deutschlandweit mehr als hundert Telefonberatungsstellen bereit, bei denen anonym Hilfe gesucht werden kann. Kinder und Jugendliche können sich unter 0800 1110333 beraten lassen, Eltern unter 0800 1110550.

www.save-me-online.de

Beratungsstelle für Kinder und Jugendliche, die Opfer von Cyber-Mobbing, sexueller Anmache oder anderen Straftaten im Internet geworden sind. Die

Beratung erfolgt kostenlos und anonym per E-Mail oder im Chat (nicht telefonisch) durch Sozialpädagogen und Psychologen. Träger der Seite ist N.I.N.A. e.V., die Nationale Infoline Netzwerk und Anlaufstelle zu sexueller Gewalt an Mädchen und Jungen (*www.nina-info.de*).

Suchmaschinen und Portale für Kinder bis ca. 14 Jahre, die als Startseite geeignet sind

www.blindekuh.de

Die erste deutschsprachige Suchmaschine für Kinder, die bereits 1997 durch ehrenamtliches Engagement entstanden ist und mittlerweile vom Bundesfamilienministerium gefördert wird. Selbstverständnis: „Die Blinde Kuh ist ein gemeinnütziger Verein zur Förderung, Vernetzung und Bereicherung der unabhängigen und nicht-kommerziellen Internet-Kultur der Onliner unter 14 Jahren."

www.fragfinn.de

Sicherer Suchraum mit einer über 10.000 Domains umfassenden Whitelist, die von Medienpädagogen geprüft wurde. Vom Bundesfamilienministerium gefördert und gut als Startseite geeignet. Die fragFinn-Whitelist ist auch in mehreren Kinderschutz-Filterprogrammen enthalten.

www.helles-koepfchen.de

Hinter dieser schön gemachten Kombination aus Wissensportal, Suchmaschine und Kinder-Community steckt ein privates Unternehmen, nämlich die Cosmos Media UG. Es gibt Werbung auf den Seiten, die aber eindeutig gekennzeichnet ist. Das Projekt wird ebenfalls vom Bundesfamilienministerium gefördert.

www.kindernetz.de

Liebevoll gemachtes Portal des SWR für Nutzer bis 15 Jahre mit aktuellen Tagesnachrichten, Hintergrundinformationen, Informationen und Materialien zu allen ARD-Kindersendungen. Kinder können sich zudem selbst als Online-Reporter betätigen, sich eine eigene Homepage einrichten und natürlich chatten.

www.klick-tipps.net

Das Gemeinschaftsprojekt der Stiftung MedienKompetenz Forum Südwest und von jugendschutz.net bietet ebenfalls Infos und Tipps zum sicheren Surfen, eignet sich aber auch gut als Startseite für ein Kind. Jede Woche werden acht ausgewählte Internetseiten für Kinder aus drei aktuellen Themengebieten präsentiert, daneben gibt es eine Top-100-Liste, welche die „100 besten Internetseiten für Kinder" beschreibt und auf diese verlinkt.

Quellenverzeichnis

BITKOM: Soziale Netzwerke, Zweite, erweiterte Studie. Eine repräsentative Untersuchung zur Nutzung sozialer Netzwerke im Internet, 2011

Dambach, Karl: Wenn Schüler im Internet mobben. Präventions- und Interventionsstrategien gegen Cyber-Bullying. Ernst Reinhardt Verlag 2011

Die Drogenbeauftragte der Bundesregierung: Drogen- und Suchtbericht 2012. Aufrufbar unter http://www.drogenbeauftragte.de/fileadmin/dateien-dba/Presse/Downloads/12-05-22_DrogensuchtBericht_2012.pdf.

Elbrecht, Carola; Zinke, Michaela: Kinderspielportale im Internet. Eine Untersuchung des Projekts „Verbraucherrechte in der digitalen Welt" des Verbraucherzentrale Bundesverbandes 2011

Medienpädagogischer Forschungsverbund Südwest (mpfs): KIM-Studie 2010, Kinder + Medien, Computer + Internet, Basisuntersuchung zum Medienumgang 6- bis 13-Jähriger in Deutschland

Medienpädagogischer Forschungsverbund Südwest (mpfs): JIM-Studie 2011, Jugend, Information, (Multi-)Media, Basisuntersuchung zum Medienumgang 12- bis 19-Jähriger in Deutschland

Prensky, Marc: Digital Natives, Digital Immigrants. On the Horizon (NCB University Press, Vol. 9 No. 5, December 2001). Aufrufbar unter http://www.marcprensky.com/writing/Prensky%20-%20Digital%20Natives,%20Digital%20Immigrants%20-%20Part1.pdf

PricewaterhouseCoopers AG WPG: Social Media Deutschland. „The winner takes it all." Studie unter 1.000 Nutzern zu ihrer Einstellung zu sozialen Medien. Februar 2012. Zu beziehen (kostenlos) unter http://www.pwc.de/de/corporate-governance/social-media-jeweils-eine-plattform-fuehrend.jhtml

Ries, Uli; Mörgenthaler, Tombo: Das inoffizielle Facebook-Buch: Wie Sie Betrugsversuche erkennen und sich davor schützen, Franzis Verlag 2011

(Die Zitate von Ries stammen von einem Vortrag, den er am 20.03.2012 im Schülerforum der Sparkasse Marktoberdorf gehalten hat.)

Stichwortverzeichnis

Weitere Titel

Bernhard F. Klinger (Hrsg.)/Klaus Becker/Stephan Konrad/
Wolfgang Roth/Johannes Schulte

- **Der letzte Weg**
  Tod – Begräbnis – Erbe. Alle notwendigen Maßnahmen für den Todesfall
  ISBN 978-3-7093-0479-2
  2012, 168 Seiten
  EUR 9,90 (D/A)

Ulrich Goetze/Michael Röcken

- **Der Verein**
  Gründung – Recht – Finanzen – PR – Sponsoring. Alles, was Sie wissen müssen
  ISBN 978-3-7093-0474-7
  2012, 192 Seiten
  EUR 9,90 (D/A)

Andrea Westhoff/Justin Westhoff

- **Pflege daheim oder Pflegeheim?**
  Was Sie bei Pflegebedürftigkeit von Angehörigen tun können und wo Sie Unterstützung bekommen
  ISBN 978-3-7093-0364-1
  2012, 168 Seiten
  EUR 9,90 (D/A)

Bernhard F. Klinger (Hrsg.)/Armin Abele/Klaus Becker/
Thomas Maulbetsch/Wolfgang Roth

- **Der Vorsorgeplaner**
  Wie Sie durch Vollmachten, Verfügungen und Testamente für den Krankheits-, Pflege- und Erbfall vorsorgen
  ISBN 978-3-7093-0356-6
  2011, 192 Seiten
  EUR 9,90 (D/A)

Andreas Lutz/Monika Schuch

- **Existenzgründung**
  Was Sie wirklich wissen müssen. Die 50 wichtigsten Fragen und Antworten
  ISBN 978-3-7093-0351-1
  2011, 208 Seiten
  EUR 14,90 (D/A)

Stephan Konrad/Franz Kopinski

- **Wohnungseigentum – Ihre Rechte und Pflichten**
  Erwerb – Verwaltung – Vermietung
  ISBN 978-3-7093-0355-9
  2011, 168 Seiten
  EUR 9,90 (D/A)

Ludger Bornewasser/Bernhard F. Klinger

- **Der Streit ums Erbe**
  Wie Sie Ihre Interessen wahren und Konflikte vermeiden. Spannende Fälle aus der Praxis zeigen, worauf es ankommt.
  ISBN 978-3-7093-0328-3
  2011, 160 Seiten
  EUR 9,90 (D/A)

Bernhard F. Klinger (Hrsg.)/Florian Enzensberger/Thomas Maulbetsch/ Joachim Müller/Wolfgang Roth

- **Betreuung von Angehörigen**

Bestellung – Aufgaben, Rechte und Pflichten – Kosten – Haftung. Antworten auf alle wesentlichen Fragen zum Betreuungsrecht
ISBN 978-3-7093-0338-2
2011, 160 Seiten
EUR 9,90 (D/A)

Stefanie Kubosch/Julia Kleine/Annette Eicker

- **Gekündigt – was tun?**

Von Abfindung bis Zeugnis: Ihre Rechte – Ihre Chancen. Wie Sie wieder Mut fassen und beruflich neu durchstarten.
ISBN 978-3-7093-0337-5
2011, 152 Seiten
EUR 9,90 (D/A)

Rudolf Stumberger

- **Hartz IV**

Das aktuelle Gesetz mit den neuen Regelungen. Mit verständlichen Erklärungen zum Ausfüllen des Antrages.
ISBN 978-3-7093-0331-3
5. Auflage 2011, 152 Seiten
EUR 9,90 (D/A)

Astrid Congiu-Wehle/Agnes Fischl

- **Der Ehevertrag**

Wie Sie Vorsorge für Ehe, Trennung und Scheidung treffen
ISBN 978-3-7093-0304-7
2010, 160 Seiten
EUR 9,90 (D)/EUR 10,20 (A)

Joachim Mohr/Frank Lechner

- **Alleinerziehend – das sind Ihre Rechte**

ISBN 978-3-7093-0259-0

2010, 160 Seiten

EUR 9,90 (D)/EUR 10,20 (A)

Gordian Philipps/Susanne Lebek

- **Erfolgreich durchs Assessment-Center**

ISBN 978-3-7093-0321-4

2010, 184 Seiten

EUR 14,90 (D)/EUR 15,40 (A)

Andrea Westhoff/Justin Westhoff

- **Ihre Rechte als Kassenpatient**

Wie Sie auch als gesetzlich Versicherter von Ärzten und Kassen bekommen, was Ihnen zusteht

ISBN 978-3-7093-0295-8

2010, 160 Seiten

EUR 9,90 (D)/EUR 10,20 (A)

Roland Stimpel

- **In 10 Schritten zum Eigenheim**

Planen, kaufen, bauen: Von der Suche bis zur Finanzierung – Ihr Wegweiser zum eigenen Haus

ISBN 978-3-7093-0288-0

2010, 160 Seiten

EUR 9,90 (D)/EUR 10,20 (A)

Bernhard F. Klinger (Hrsg.)/Sven Klinger/Joachim Mohr/
Wolfgang Roth/Johannes Schulte

- **Patientenverfügung und Vorsorgevollmacht**
  Was Ärzte und Bevollmächtigte für Sie in einem Notfall tun sollten.
  Was die Neuregelung für Sie konkret bedeutet.
  ISBN 978-3-7093-0289-7
  2. Auflage 2009, 144 Seiten
  EUR 9,90 (D)/EUR 10,20 (A)

Bernhard F. Klinger

- **Das Testament**
  Konkrete Anleitungen für alle Lebensmodelle – vom Single bis zur Patchwork-Familie. Wie Sie Streit vermeiden und Steuern sparen.
  ISBN 978-3-70930264-4
  2009, 168 Seiten
  EUR 9,90 (D)/EUR 10,20 (A)

Michael Schröder

- **Scheidung – aber fair**
  Sorgerecht – Unterhalt – Umgangsrecht. Es geht auch friedlich, wenn die Vernunft siegt.
  ISBN 978-3-7093-0272-9
  2. Auflage 2009, 176 Seiten
  EUR 9,90 (D)/EUR 10,20 (A)

Andreas Heiber

- **Die neue Pflegeversicherung**
  Der Antrag – die Pflegestufen – die Leistungen: Ihre neuen Möglichkeiten und Chancen
  ISBN 978-3-7093-0237-8
  2008, 192 Seiten
  EUR 9,90 (D)/EUR 10,20 (A)

Eva Schmitz-Gümbel/Karin Wistuba

- **Erfolgreich zum Traumjob**
  Coaching zur Berufswahl für Eltern und Schüler
  ISBN 978-3-7093-0213-2
  2008, 168 Seiten
  EUR 9,90 (D)/EUR 10,20 (A)

Astrid Congiu-Wehle/Joachim Mohr

- **Das neue Unterhaltsrecht**
  Wie viel bekomme ich? Wie viel muss ich zahlen?
  ISBN 978-3-7093-0229-3
  2008, 168 Seiten
  EUR 9,90 (D)/EUR 10,20 (A)

Karin Spitra/Ulf Weigelt

- **Ihr Recht als Arbeitnehmer**
  Vom Vorstellungsgespräch bis zur Kündigung – was darf der Chef?
  ISBN 978-3-7093-0218-7
  2008, 192 Seiten
  EUR 9,90 (D)/EUR 10,20 (A)

Wolfgang Jüngst/Matthias Nick

- **Arbeiten und Leben im Ausland**
  Auswandern oder Überwintern: alle wichtigen Informationen.
  Mit 10 Länderkapiteln von Schweiz bis USA.
  ISBN 978-3-7093-0214-9
  EUR 9,90 (D)/EUR 10,20 (A)

Tibet Neusel/Sigrid Beyer/Kathrin Arrocha

- **Immobilienkauf**
  Haus oder Wohnung – Alles über Finanzierung, Recht und Steuern
  ISBN 978-3-7093-0195-1
  2008, 190 Seiten
  EUR 9,90 (D)/EUR 10,20 (A)

Andrea Erdmann/Andreas Kobschätzky
- **Erfolgreich bewerben**
Von der systematischen Vorbereitung zum souveränen Bewerbungsgespräch und fairen Arbeitsvertrag
ISBN 978-3-7093-0187-6
2008, 176 Seiten
EUR 9,90 (D)/EUR 10,20 (A)

Wolfgang Jüngst/Matthias Nick
- **Wenn der Nachbar nervt**
Rechte und Pflichten in der Nachbarschaft
ISBN 978-3-7093-0174-6
2007, 160 Seiten
EUR 9,90 (D)/EUR 10,20 (A)

Inken Wanzek/Christine Rosenboom
- **Arbeitsplatz in Gefahr – Das sind Ihre Rechte**
Kündigung – Beschäftigungsgesellschaft – Aufhebungsvertrag – Mobbing – Trennungsgespräche
ISBN 978-3-7093-0152-4
2007, 240 Seiten
EUR 14,90 (D)/EUR 15,40 (A)